BIBLIOGRAPHISCHER DIENST
STAAT UND RECHT

Herausgeber:

DEUTSCHE AKADEMIE
FÜR STAATS- UND RECHTSWISSENSCHAFT
„WALTER ULBRICHT“
POTSDAM-BABELSBERG

Jahrgang 5/1959 — Heft 1
Januar/Februar

AKADEMIE-VERLAG · BERLIN

Inhaltsverzeichnis:

Auslieferungen:

Für das Gebiet der Deutschen Demokratischen Republik: LKG-Leipziger Kommissions- und Großbuchhandel, Leipzig C 1, Leninstraße 16

Für das Gebiet der Deutschen Bundesrepublik: KUNST UND WISSEN, Inh. Erich Bieber, Stuttgart N, Hospitalstraße 33a

Für das gesamte Ausland: Deutsche Buch-Export und -Import GmbH., Leipzig C 1, Postschließfach 276, oder Akademie-Verlag GmbH., Berlin W 8, Mohrenstraße 39

Bestellungen sind zu richten an eine Buchhandlung oder an die Post

Mitteilung:
Die Bibliotheken des Deutschen Instituts für Rechtswissenschaft und der Deutschen Akademie für Staats- und Rechtswissenschaft wurden mit Wirkung vom 1. Januar 1959 zur Bibliothek der Deutschen Akademie für Staats- und Rechtswissenschaft „Walter Ulbricht" vereinigt. Die Herausgabe des Bibliographischen Dienstes und die Benutzung der Bibliothek erfolgt in der bisherigen Form. Anfragen und Literaturbestellungen bitten wir an die Bibliothek direkt zu richten.

Herausgeber und verantwortlich für den Inhalt: Der Prorektor für Forschung der Deutschen Akademie für Staats- und Rechtswissenschaft „Walter Ulbricht". Redaktion: Helmut Luft und Klaus Jäger, Potsdam-Babelsberg. Verlag: Akademie Verlag GmbH., Berlin W 8, Mohrenstraße 39, Fernruf: 200386, Postscheckkonto: 35021. Bestell- und Verlags-Nr. dieses Heftes: 1049/5/1. Die Zeitschrift erscheint zweimonatlich. Bezugspreis für den Jahrgang einschließlich Register: DM 22,20; Einzelheft: DM 3,70. Veröffentlicht unter der generellen Druckgenehmigungs-Nr.: Ag 715/59 DDR. Gesamtherstellung: VEB Druckerei „Thomas Müntzer" Bad Langensalza.

A. BIBLIOGRAPHIE AUS ZEITSCHRIFTEN DER DEUTSCHEN DEMOKRATISCHEN REPUBLIK DER SOWJETUNION UND DEN LÄNDERN DER VOLKSDEMOKRATIE

Diese Bibliographie enthält eine Auswahl einschlägiger Artikel aus folgenden Zeitschriften: 1)

a) Deutschsprachige Zeitschriften

Ahdl.	= Der Außenhandel, Berlin	1958,H.18-23
Arb.	= Die Arbeit, Berlin	1958,H.11-12
ArbR.	= Arbeitsrecht, Zeitschrift für Theorie und Praxis, Berlin	1958,H.10-11
Aufb.	= Aufbau (Kulturpolitische Monatsschrift), Berlin	1958,H.7
A.u.S.	= Arbeit und Sozialfürsorge, Berlin ...	1958,H.19-22
Ber.Dt.Wirtsch.Inst.	= Berichte des Deutschen Wirtschaftsinstituts, Berlin	1958,H.15-20
Beitr.Z.Gesch. wiss.Beil.ddz.	= Beiträge zur Zeitgeschichte(Wissenschaftliche Beilage zur Zeitschrift "Dokumentation der Zeit"	1958,H.1
ddz	= Dokumentation der Zeit, Berlin	1958,H.174-177
Dem.Aufb.	= Demokratischer Aufbau, Berlin	1958,H.19-23
Dem.u.R.	= Demokratie und Recht, Berlin	1958,H.5
DFW	= Deutsche Finanzwirtschaft, Berlin ...	1958,H.19-23
Dt.Auss.pol.	= Deutsche Außenpolitik, Berlin	1958,H.10-11
Dt.Zs.Philos.	= Deutsche Zeitschrift für Philosophie, Berlin	1958,H.4
Einh.	= Einheit, Berlin	1958,H.10-11
EuV	= Erfindungs- und Vorschlagswesen, Berlin	1958,H.10-11
Forum,Wiss.Beil.	= Wissenschaftliche Beilage des Forum, Berlin	1958,H.40-48
Hdl.	= Der Handel, Berlin	1958,H.10-11
Hswesen	= Das Hochschulwesen, Berlin	1958,H.9-11
Jug.Heimerz.	= Zeitschrift für Jugendhilfe und Heimerziehung, Berlin	1958,H.10
Konj.u.Krise	= Konjunktur und Krise,wissenschaftliches Bulletin d.Instituts für Wirtschaftswissenschaften f.d.Dt.Akademie der Wissenschaften, Berlin	1958,H.3
Militärwesen	= Militärwesen, Zeitschrift für Militärpolitik und Militärtheorie, Berlin ..	1958,H.5

Nat.	= Die Nation, Zeitschrift für Theorie u. Praxis Nationaler Politik, Berlin ...	1958,H.9-10
NJ	= Neue Justiz, Berlin	1958,H.19-23
N.Weg	= Neuer Weg, Berlin	1958,H.19-22
N.Zeit	= Neue Zeit, Moskau	1958,H.36,41-48
RID	= Rechtswissenschaftlicher Informationsdienst, Berlin	1958,H.19-23
Schöffe	= Der Schöffe, Berlin	1958,H.10-11
Schr.Dt.Vpol.	= Schriftenreihe der Deutschen Volkspolizei, Berlin	1958,H.26-27
Sov.Wiss.(GB)	= Sowjetwissenschaft,Gesellschaftswiss. Beiträge, Berlin	1958,H.10-11
Soz.Vers.	= Die Sozialversicherung, Berlin	1958,H.10-11
Stadt u.Gem.	= Stadt und Gemeinde, Berlin	1958,H.9-10
Stat.Prax.	= Statistische Praxis, Berlin	1958,H.10-11
St R	= Staat und Recht, Berlin	1958,H.9-10
Vertr.Syst.	= Vertragssystem, Berlin	1958,H.9-11
Vpol.	= Die Volkspolizei, Berlin	1958,H.19-21
Weltb.	= Die Weltbühne, Berlin	1958,H.40-47
WGBew.	= Die Weltgewerkschaftsbewegung,Berlin	1958,H.10-11
Wirtsch.Wiss.	= Wirtschaftswissenschaft, Berlin	1958,H.6
WZ Leipzig,Binnenhdl.	= Wissenschaftl.Zeitschrift d.Hochschule f.Binnenhandel, Leipzig	1957/58,H.2
WZ Rostock	= Wissenschaftliche Zeitschrift der Universität Rostock	1957/58,H.2
Zs.Gesch.Wiss.	= Zeitschrift für Geschichtswissenschaft, Berlin	1958,H.5

b) <u>Fremdsprachige Zeitschriften</u>

J.K.	= Jogtudományi közlöny (Rechtswissenschaftliche Mitteilungen), Budapest .	1958,H.7-10
J.N.	= Justitia Nouá (Neue Justiz), Bukarest	1958,H.4
	Kommunist, Moskau	1958,H.13-15
Mag.Jog	= Magyar Jog (Ungarisches Recht), Budapest	1958,H.6-9
	= Nová mysl (Neuer Geist), Prag	1958,H.10-11
	= Nowe Drogi (Neue Wege), Warschau	1958,H.10-11
	= Nowe Prawo (Neues Recht), Warschau ..	1958,H.7-10
	= Palestra (Organ des Obersten Anwaltschaftsrates), Warschau	1958,H.9
P.i P.	= Państwo i Prawo (Staat und Recht), Warschau	1958,H.8-11
Pr.	= Právnik (Der Jurist), Prag	1958,H.8
Pr štúdie	= Právnické štúdie (Juristische Studien), Bratislava	1958,H.3

Probl.econ.	= Probleme economice (Fragen der Ökonomie), Bukarest	1958,H.1-7
Przegl.zach.	= Przeglad Zachodni (Westliche Rundschau), Prag	1958, H.4
Soc.zák.	= Socialistická zákonnost (Die sozialistische Gesetzlichkeit), Prag	1958,H.6-7
Soc.zak.(SSSR)	= Socialističeskaja zakonnost (Sozialistische Gesetzlichkeit), Moskau	1958,H.10-11
	= Soudce z lidu (Der Volksrichter), Prag	1958,H.7-9
Sov.gos.pravo	= Sovetskoe gosudarstvo i pravo (Sowjetstaat und Sowjetrecht), Moskau	1958,H.10
Vopr.ekon.	= Voprosy ekonomiki (Fragen der Ökonomie), Moskau	1958,H.9-10
Vopr.fil.	= Voprosy filosofii (Fragen der Philosophie), Moskau	1958,H.9-10
Vopr.ist.	= Voprosy istorii (Fragen der Geschichte), Moskau	1958,H.10-11

1) Die hier aufgeführten Hefte sind gemäß der Benutzungsordnung der Bibliothek des Deutschen Instituts für Rechtswissenschaft bedingt ausleihfähig.

1.Marxismus-Leninismus [1]

Bach,I.A.: "Die I.Internationale. Protokolle des Haager Kongresses vom Jahre 1872 mit den dazugehörigen Dokumenten".(Vopr.ist.,1958, H.11, S.207-211)

Banaschak,M.: Der politische Inhalt unserer ökonomischen Hauptaufgabe. (Einh.,1958, H.11, S.1606-1620)

Barth,W.;R.Bellmann: Die Rechtfertigung der imperialistischen Atomkriegspläne durch den politischen Klerikalismus. (Einh.,1958, H.11, S.1564-1576)

Buhr, M.: Der religiöse Ursprung und Charakter der Hoffnungsphilosophie Ernst Blochs. (Dt.Zs.Philos.,1958, H.4, S.576-598)

Čerkasov,I.I.(Tscherkassow,I.I.): Der Kampf der Kommunistischen Partei der USA gegen den zeitgenössischen Revisionismus.(Vopr.ist., 1958, H.10, S.61-78)

Fedorov,N.N.: Die Kommunistische Partei Bulgariens im Kampf gegen den modernen Revisionismus. (Vopr.ist.,1958, H.11, S.161-176)

Förster, G.: Eine Fälschung der Geschichte der Militärpolitik der SPD. Rez.über "Sozialdemokratie und Wehrfrage..." Berlin-Hannover 1956, 197 S. (Militärwesen, 1958,H.5, S.799-805)

Frei,B.: Die Hand des Vatikans in China.(Weltb.,1958,H.42,S.1324-1328)

1) Die nach der Fundstelle eines Artikels angegebenen Zahlen verweisen auf die Bedeutung dieses Artikels auch für andere Fachgebiete entsprechend der hier zugrundegelegten Systematik.

Glückauf, E.: Die beiden politischen Konzeptionen in Deutschland und die Stellung der SPD. (Einh.,1958, H.10, S.1480-1498)

Gropp,R.O.: Der dialektische Materialismus. (T.6-8).(Hswesen,1958, H.9, S.421-424; H.10, S.477-482; H.11, S.527-529)

Jacob,H.: Gibt es eine zweite industrielle Revolution? (Dt.Zs.Philos.,1958, H.4, S.517-549)

Kabaev,G.L.(Kabajew,G.L.)u.a.: Der moderne Revisionismus muß vollständig entlarvt werden. (Vopr.fil.,1958, H.10, S.175-181)

Kedrov,B.: W.I.Lenin über den wechselseitigen Zusammenhang der Philosophie und der Naturwissenschaften.(Zum 50.Jahrestag der Vollendung der Arbeit an dem Buch "Materialismus und Empiriokritizismus" durch W.I.Lenin).(Kommunist, 1958, H.15, S.31-46)

Klein, D.: Die wissenschaftliche Begründung für den Sieg des Sozialismus über den Kapitalismus. (T.1-4).(Forum,Wiss.Beil.,1958,H.40, S.1-4; H.41,S.1-4; H.42, S.1-4;H.43, S.1-4)

Klein,M.;A.Kosing: Der Sozialismus siegt. Über die historische Bedeutung des V, Parteitages der SED. (Dt.Zs.Philos.,1958, H.4, S.497-516)

Klofáč,J.;V.Tlustý: Klassenfragen in der modernen westlichen Soziologie. (Nová mysl, 1958, H.10, S.913-925)

Koch,G.: "Materialismus und Empiriokritizismus" - eine Waffe im Kampf gegen die bürgerliche Ideologie. (Einh.,1958, H.10, S.1499-1514)

Kolbe,H.: Das außenpolitische Programm des Gründungsparteitages der KPD. (Dt.Auss.pol.,1958, H.11, S.1033-1041)

Der siebente Parteitag der Kommunistischen Partei Bulgariens. (Soc.pravo, 1958, H.6,S.1-6)

Die Kommunistische Partei Japans im Kampf gegen Militarismus, für Frieden, Demokratie und nationale Unabhängigkeit. (Kommunist,1958, H.15, S.110-123)

40.Jahrestag der Kommunistischen Partei Polens. (Nowe Drogi, 1958, H.10, S.3-18)

Aus der Geschichte der Kommunistischen Partei der Sowjetunion. (Kommunist, 1958, H.14, S.46-101)

Kurella, A.: Zur Theorie der Moral. Eine alte Polemik mit Ernst Bloch. (Dt.Zs.Philos.,1958, H.4, S.599-621)

Kusminow, I.I.: Aktuelle Fragen der marxistisch-leninistischen Verelendungstheorie. (Arb.,1958, H.11, S.4-7)

Mitin,M.: Die große ideologische Waffe der Erkenntnis und der Umgestaltung der Welt. (Zum 50.Jahrestag der Beendigung von W.I. Lenins Werk "Materialismus und Empiriokritizismus"): (Kommunist 1958, H.14, S.19-32)

Natta, A.: Über einige allgemeine Züge der Politik der Kommunistischen Partei Italiens. (Nowe Drogi, 1958,H.10, S.71-83)

Der XXI. Parteitag der KPdSU und die schöpferische Aktivität der Massen. (Kommunist, 1958, H.13, S.3-10) 7

Der Sozialismus siegt. (Betr.5.Parteitag der SED).(Zs.Gesch.Wiss., 1958, H.5, S.945-958)

Gegen den philosophischen Revisionismus. (Vopr.fil., 1958, H.10, S.3-18)

Sadovskij, N.A.: Die Geschichte der marxistischen Philosophie im Vexierspiegel des Revisionismus. (Vopr.fil.,1958, H.10,S.88-95)

Senin, N.G.: Tan Sy-tun, ein chinesischer Materialist und Vertreter des Zeitalters der Aufklärung Ende des 19.Jahrhunderts. (Vopr.fil.,1958, H.9, S.39-47)

Steussloff, H.: Ignorantia non est argumentum. (Betr. Religion - Marxismus). (WZ Leipzig,Binnenhdl.,1958, H.2, S.125-146)

Tondi,A.: Einige Bemerkungen zu den Klassenwurzeln und der Rolle des politischen Katholizismus. (Arb.,1958, H.11, S.22-25) 3

Tugarinov, V.: Die Gesetze in Natur und Gesellschaft.(Sov.Wiss.(GB), 1958, H.11, S.1263-1285)

2.Rechtswissenschaft (Aufgaben und Methoden)

Joffe,O.S.;M.D.Sargorodski: Die Systematisierung und Kodifizierung der Rechtsnormen. (J.K.,1958, H.7/8, S.241-248)

Jui Mu: Wir müssen den Kampfgeist der Rechtswissenschaft verstärken. (Stud.ü.Pol.u.Recht,(chin.),1958, H.6, S.17-22; deutsch: RID, 1958, H.19, Sp.553-562)

3.Staats-und Rechtstheorie

Borucka-Arctowa,M.: Die Voraussicht und die Pflicht in der gegenwärtigen soziologisch-rechtlichen Problematik. (P.i P.,1958, H.10, S.565-578)

Büchner, R.: Die Novemberrevolution 1918 und einige Lehren für die weitere Stärkung unserer Arbeiter- und-Bauern-Macht.(Dem.Aufb., 1958, H.21, S.483-486)

Büttner,H.: Die Aufgaben der Gesetzgebung im Kampf um den Sieg des Sozialismus in der Deutschen Demokratischen Republik.(St R,1958, H.10, S.968-984)

Burlackij, F.: Die Entwicklung der sozialistischen Demokratie in der gegenwärtigen Etappe des kommunistischen Aufbaus.(Kommunist, 1958, H.13, S.22-36)

Butenko,A.P.: Die Diktatur des Proletariats und die "integrale Demokratie". (Sov.gos.pravo, 1958,H.8, S.14-26; deutsch: RID, 1958, H.22, Sp.661-671)

Čapek,J.: Die Theorie des juristischen Realismus. (Pr.,1958,H.8, S.701-711)

Čchikvadze,V.N.;A.A.Ždanov(Tschchikwadse,W.N.;A.A.Shdanow): Sammlung von Artikeln über Staat und Recht der DDR zum 40.Jahrestag des Großen Oktober.(Rez.über Staat u.Recht im Lichte des Großen Okt. Berlin 1957, 498 S.)(Sov.gos.pravo, 1958, H.10, S.146-148)

Ehrlich,St.: Bemerkungen zur sozialistischen Gesetzlichkeit. (P.i P.,1958, H.8-9, S.233-253)

Funder, W.: Unsere Deutsche Demokratische Republik und das Vermächtnis der Novemberrevolution 1918. (Nat.,1958, H.10, S.660-672)

Gak,G.M.: Die marxistisch-leninistische Theorie der Revolution und die geschichtliche Entwicklung der Gegenwart. (Sov.Wiss.(GB),1958, H.11, S.1249-1262)

Heuer,U.J.: Novemberrevolution und Staatsfrage. (NJ, 1958, H.21, S.725-729)

Hoffmann, E.: Über die Leninsche Revolutionslehre und ihre Anwendung auf die revolutionären Vorgänge in Deutschland.(Einh.,1958, H.10, S.1515-1532)

Koenen,B.: Lehren der Novemberrevolution. (Dt.Auss.pol.,1958,H.11, S.1027-1032)

Kučera,E.: Bemerkungen zum Begriff der Staatsform. (J.K.,1958,H.9, S.331-343)

Lakatoš,M.: Zu dem Begriff der Funktion des Staates. (Pr.studie, 1958, H.3, S.359-373)

Lepjoschkin,A.I.: Kritik der reformistischen und revisionistischen "Theorien" auf dem Gebiet des Staates und des Rechts.(Sov.gos.pravo, 1958, H.9, S.10-21; deutsch: RID,1958, H.22, Sp.649-660)

Lörincz,L.: Einige Fragen der Theorie des Staates und der moderne Revisionismus. (J.N., 1958, H.4, S.605-616)

Matern,H.: Die Revolution 1918 in Deutschland - eine der größten revolutionären Massenbewegungen der deutschen Arbeiterklasse. (Einh.,1958, H.10, S.1428-1441)

Michajlov,M.: Die amerikanische Rechtsprechung und Gesetzgebung - ein Werkzeug der Diktatur der Monopole. (Soc.pravo, 1958,H.6, S.66-71)

Norden,A.: Die Novemberrevolution 1918 und das Wiedererstarken des deutschen Imperialismus. (Einh.,1958, H.10, S.1443-1464)

Die Novemberrevolution 1918 in Deutschland. (Thesen des ZK der SED). (Einh.,1958, H.10, S.1377-1403)

Nowotka,W.: Klasseninteressen und Rechtsanwendung.(NJ, 1958,H.19, S.658-661)

Olivecrona,K.: Die neuesten Tendenzen auf dem Gebiet der Rechtstheorie in Schweden. (P.i P.,1958, H.8/9, S.254/268)

Patjulin,V.A.: Über die Entstehung des sozialistischen Staates in China. (Sov.gos.pravo, 1958, H.10, S.36-47)

Peschka,V.: Existentialismus in der Rechtsphilosophie.(Rez.über G. Cohn, Existentialismus u.Rechtswissenschaft. Basel 1955, 191 S.). (J.K.,1958, H.7-8, S.311-316)

Polak,K.: Die Entwicklung des deutschen volksdemokratischen Staates 1945 bis 1958. (Bemerkungen zum gleichnamigen Werk "Walter Ulbrichts). (St R, 1958, H.9, S.853-869)

Radžabov,S.A.(Radshabow,S.A.) u.a.: Für die weitere theoretische Ausarbeitung der Fragen der Entwicklung des Sowjetstaates und des - Sowjetrechts.(Sov.gos.pravo, 1958, H.10, S.136-140)

Romaškin,P.S.: Die Entwicklung der Funktionen des Sowjetstaates im Prozeß des Aufbaus des Kommunismus. (Sov.gos.pravo,1958, H.10, S.3-18)

Schöneburg,K.H.: Der Kampf um die Errichtung der Diktatur des Proletariats und um den Sieg des Sozialismus. (Dem.Aufb.,1958, H.23, S.544-546) 21

Stanek,I.: Über einige Probleme des slowakischen Klerikalfaschismus. (Nová mysl, 1958, H.11, S.1012-1026)

Stepanjan, C.A.: Die Oktoberrevolution und das Entstehen der kommunistischen Formation. (Vopr.fil.,1958, H.10, S.19-36)

Stolberg,R.; P.Thal: Der Staat im Schafspelz. (Betr.Staat - SPD). (DFW, 1958, H.23, S.363-364 u.367)

Ulbricht,W.: Begründung der Thesen über die Novemberrevolution 1918. (Einh.,1958, H.10, S.1404-1427)

Veselý,J.(Wesseli,J.): Über die Ursachen der Entstehung und des Untergangs des bürgerlichen tschechoslowakischen Staates. (Vopr.ist.,1958, H.11, S.107-125)

Wan Tsi-sjan: Die Verurteilung der reaktionären Staatstheorie der modernen Revisionisten.(Hun-Ji, 1958, Nr.2 (russ.: Prawda v.30.6. 1958, Nr.181, S.2-4; deutsch: RID, 1958, H.22, Sp.671-680)

Wassilev, L.: Zur Frage der äußeren Funktionen des sozialistischen Staates. (Sov.gos.pravo, 1958, H.6, S.47-57; deutsch: RID, 1958, H.21, Sp.637-648)

4.Geschichte der Staats-und Rechtstheorie

Veverka,V.: Kečekjan,u.a. Geschichte der politischen Ideologie. Moskau 1955, 754 S. (Rez.).(Pr.,1958, H.8, S.732-747)

5.Staats-und Rechtsgeschichte

Bartel,H.: Zur Politik und zum Kampf der deutschen Sozialdemokratie gegen die Bismarcksche Sozialreformpolitik und gegen den Rechtsopportunismus in den Jahren 1881/84. (Zs.Gesch.Wiss.,1958,H.5, S.1089-1106)

Davidovič,J.I.;N.O.Malyšev(Dawidowitsch,J.I.;N.O.Malischew): Die geheime Abstimmung in der Geschichte des sowjetischen Wahlrechts. (Sov.gos.pravo, 1958,H.10, S.113-117)

Dodd,M.: Gedanken zum Münchener Abkommen. (Dt.Auss.pol., 1958, H.10, S.946-949)

Fabian,P.: Was brachte das Jahr 1918 der Arbeiterklasse im Arbeitsrecht? (ArbR, 1958, H.11, S.324-326)

Herrmann,R.;A.Schmücking: Die Ausnahmegerichte zur Unterdrückung der mitteldeutschen Märzkämpfer im Jahre 1921.(T.1.2.)(NJ, 1958,H.22, S.772-775; H.23, S.810-814)

Jablonski, H.: Die Wiederherstellung der Unabhängigkeit Polens im Jahre 1918. (Nowe Drogi, 1958, H.11,S.78-88)

Ilin,V.P.: Die Volksbewegung des "4.Mai 1919"- der Beginn der neudemokratischen Revolution in China. (Vopr.ist.,1958, H.10,S.123-138)

Kieszczyński,L.: Die Streiks im kapitalistischen Polen.(Nowe Drogi, 1958, H.11, S.134-157)

Lamparska,A.: Verbrechen wider das Leben nach dem Code Napoleon. (N.P.,1958, H.7/8, S.105-113)

Landa,R.G.: L.N.Kotlov, Der Aufstand zur nationalen Befreiung des Irak im Jahre 1920. M.1958, 214 S. (Rez.).(Vopr.ist.,1958, H.11, S.212-216)

Lebovič,M.F.(Lebowitsch,M.F.): Die Räte in Ungarn 1919.(Sov.gos.pravo, 1958,H.2, S.71-81; deutsch: RID, 1958, H.21, Sp.617-627)

Maklakov, A.: Aus der Geschichte der sozialistischen Planung der Volkswirtschaft in der Volksrepublik China. (Vopr.ekon.,1958,H.10, S.139-148)

Die Oktoberrevolution und die Unabhängigkeit Polens im Lichte der Dokumente. (P.i P.,1958, H.11, S.723-728)

Pichlik,K.: Die Entstehung der Tschechoslowakischen Republik im Jahre 1918. (Nová mysl, 1958, H.10, S.884-897)

Vor 25 Jahren: Reichstagsbrandprozeß in Leipzig. (NJ, 1958, H.19, S.657-658)

Rolenc,V.: Zum Jahrestag des Leipziger Prozesses. (Soudce z lidu, 1958, H.9, S.113-115)

Rotenberg,R.S.: Der Kampf der Arbeiterklasse Russlands für die staatliche Sozialversicherung (1900-1914).(Vopr.ist.,1958,H.11, S. 126-141)

Sarlós, M.: Die gegenwärtige Lage und Aufgaben der ungarischen Rechtsgeschichtsschreibung. (J.K.,1958, H.9,S.321-327)

Šastiko,P.M.(Schastiko,P.M.): "Der Volksaufstand in Indien von 1857-1859". (Vopr.ist.,1958, H.10,S.199-207)

Senkowska, M.: Die Diskussion über die Synthese der Staats- und Rechtsgeschichte Polens. (P.i P.,1958,H.10, S.661-672)

Sperker, H.; J. Mitdank: München - eine Warnung für alle Völker. (Dt.Auss.pol., 1958, H.11, S.1053-1063)

6. Völkerrecht und Außenpolitik

Expansion der deutschen Monopole in Afrika. (Ber.Dt.Wirtsch.Inst., 1958, H.18, S.10-18)

Die anglo-amerikanische Aggression gegen Libanon und Jordanien. (T.1-3).(ddz, 1958, H.174, S.33-40; H.175, S.26-35; H.177, S.34-43)

Anghel, J.: Der proletarische Internationalismus - die Grundlage der Wirtschaftsbeziehungen zwischen den sozialistischen Ländern. (Probl.econ., 1958, H.5, S.30-40)

Die Struktur des sowjetischen Außenhandels im Jahre 1957. (Ahdl., 1958, H.21, S.728-730)

Bierzanek, R.: Die Probleme der offenen See auf der Konferenz der Vereinten Nationen in Genf (24.2.-27.4.1958).(P.i P., 1958, H.11, S.811-824)

Burstein, I.: Veränderungen in der Struktur des Außenhandels einiger europäischer sozialistischer Länder. (Probl.econ., 1958, H.5, S.89-105)

Dan, P.: Überzeugende Beispiele der amerikanischen "Hilfe" für Griechenland. (Probl.econ., 1958, H.6, S.158-162)

Eberlein, K.: Zum Zahlungs- und Verrechnungsverkehr mit den Ländern Lateinamerikas. (Ahdl., 1958, H.19, S.667-669) 10

Gelberg, L.: Fragen des völkerrechtlichen Fortbestandes des Staates in der Praxis Volkspolens. (Sov.gos.pravo, 1958, H.10, S.75-85)

Glaser E.: Über die Kodifizierung des Seerechts. (J.N., 1958, H.4, S.617-630)

Grossmann, A.: Wer bedroht Skandinavien? (Dt.Auss.pol., 1958, H.10, S.972-978)

Gulamov, R.: Unter dem leninschen Banner der Völkerfreundschaft. (Kommunist, 1958, H.15, S.47-55)

Handke, G.: Die historische Bedeutung und das internationale Ansehen der Deutschen Demokratischen Republik. (Dt.Auss.pol., 1958, H.10, S.927-935)

Heiduschat, F.: Die Handelsbeziehungen der DDR mit den Ländern des sozialistischen Lagers. (Dt.Auss.pol., 1958, H.11, S.1084-1092)

Jeschonnek, E.: Südkorea stöhnt unter USA-Joch. (Dt.Auss.pol., 1958, H.11, S.1104-1112)

Klein, P.: Freundschaftsvertrag gegen Atomwettrüsten. (Dt.Auss.pol., 1958, H.10, S.952-957)

Kulitzka, D.: Hintergründe der USA-Provokation im Fernen Osten. (Dt.Auss.pol., 1958, H.11, S.1069-1076)

Lachs,M.: Die Nationalisierung und die Entwicklung der internationalen Wirtschaftsbeziehungen. (P.i P.,1958, H.10, S.513-527) 7

Levin,D.B.: Das Problem der Gewährleistung des Friedens und die Grundsätze des Völkerrechts. (Sov.gos.pravo, 1958, H.6, S.31-39; deutsch: RID,1958, H.21, Sp.628-637)

Liebig,G.: Die aggressive Expansionspolitik des deutschen Imperialismus,der "Gemeinsame Markt" und das Projekt der Freihandelszone. (Einh.,1958, H.11, S.1577-1592)

Matysek,St.: Grundlegende Prinzipien des Entwurfs zum polnischen Gesetzbuch des Seerechts. (P.i P.,1958, H.11, S.802-810)

Milstein,M.;A.Slobodenko: Vom "begrenzten" Krieg zur unbegrenzten Aggression. (N.Zeit, 1958,H.40, S.13-16)

Morawiecki,W.: Das Internationale Statut der Meerengen des Baltischen Meeres. (Pr.,1958, H.8, S.711-721)

Oeser,E.;M.Mai:Der sozialistische Internationalismus - eine neue Etappe des prolerarischen Internationalismus.(Forum,Wiss.Beil.,1958, H.33, S.1-4)

Razzakov,I.(Rassakow,I.): Die Leninsche Nationalitätenpolitik und die Völkerfreundschaft. (Kommunist,1958, H.13, S.37-48)

Rehboldt,B.: Zur Lage im Nahen und Mittleren Osten. (Nat.,1958,H.9, S.623-630)

Reintanz,G.: China und Island verteidigen ihre Souveränität. (NJ, 1958, H.19,S.654-656)

Schirmer,G.: Zum Kampf um das völkerrechtliche Verbot der Aggression. (St R, 1958,H.9, S.870-892)

Schwab,S.: DDR verurteilt Aggression im Nahen Osten.(Dt.Auss.pol., 1958, H.10, S.936-944)

Solodkin,R.: Freihandelszone oder Handelskriegsschauplatz? (N.Zeit, 1958, H.43,S.8-10)

Die Sowjetunion - ein interessanter Handelspartner.(Ahdl.,1958, H.21, S.725-728)

Spectator: Der gegenwärtige arabische Befreiungskrieg im Nahen und Mittleren Osten und die imperialistische Aggression.(Militärwesen, 1958, H.5.S.747-761)

Stepanovič,I.(Stepanowitsch,I.): Die wichtigsten Rechtsformen der wirtschaftlichen Zusammenarbeit der Länder des sozialistischen Lagers. (Sov.gos.pravo, 1958, H.10, S.48-55)

Swjagin,J.: Washingtoms Trojanisches Pferd. (Betr.Libanon).(N.Zeit, 1958, H.41. S.11-13)

Die Staaten des Warschauer Vertrages und die Wiedervereinigung Deutschlands. (Przegl.zach.,1958, H.4, S.367-369)

7.Staatsrecht

Andreas,P.: Der Bomben-Philosoph und die Geistesfreiheit. (Betr.psycholog.Kriegsführung).(Weltb.,1958,H.43, S.1346-1349)

Anghene,M.: Die Entwicklung der örtlichen Organe der Staatsgewalt in der Rumänischen Volksrepublik. (J.K.,1958, H.10, S.399-405)

Armbrust,W.: Höhere Verantwortlichkeit den Stadtbezirken.(Dem.Aufb., 1958, H.22, S.523-525)

Baltrusch,W.: Die führende Rolle der Partei und die staatliche Leitung. (DFW, 1958, H.21, S.329-331)

Berlins Status. (N.Zeit, 1958, H.46, S.28-29)

Brill,E.: Außenpolitische Notizen.(Betr.Wahlen in Frankreich, USA, Großbritannien, Tunesien).(Weltb.,1958,H.45, S.1413-1420)

Büchner-Uhder,W.;E.Poppe: Die Verantwortung des Rates für die Arbeit seiner Volksvertretung. (St R, 1958,H.9, S.893-909)

Christoph,K.H.: Die Immunitätsrechte der Abgeordneten in der Deutschen Demokratischen Republik.(Schr.Dt.Vpol.,1958,H.26,S.44-60)

Cingr,E.: Die Enteignung beim Ausgleich von Montanschäden.(Pr., 1958, H.8, S.728-732) 13

Das Verbot des DFD ist grundgesetzwidrig! (NJ,1958,H.22,S.780-781)

Dieckmann,J.: Die Wahlen zur Volkskammer und zu den Bezirkstagen - ein Schritt zur weiteren Festigung unseres sozialistischen Staates. (Dem.Aufb.,1958, H.21,S.481-483)

Ferrand,G.: Kapitulation! (Betr.Frankreich).(Weltb.,1958,H.41, S.1289-1294)

Das Schutzkomitee der republikanischen Juristen Frankreichs zur de-Gaulle-Verfassung. (Dem.u.R.,1958, H.5, S.138-142)

Aus dem Material des Plenums des ZK der Kommunistischen Partei Frankreichs. (Betr.Verfassung de Gaulle).(Kommunist,1958, H.14, S.102-119)

Guyot,R.: Der Kampf um die französische Republik geht weiter. (Einh.,1958, H.11, S.1684-1696)

Hafemann,W.: Wahlen und Demokratie. (Stadt u.Gem.,1958, H.10,S.1-4) 3

Halász,J.: Über den volkswidrigen Charakter der bürgerlichen Wahlsysteme. (J.K.,1958,H.10, S.367-377)

Keppke A.: Den neuen ständigen Kommissionen Handel und Versorgung einen guten Start.(Hdl.,1958, H.11, S.601-605)

Klimowiecki R.: Der Bundesrat in der Schweiz.(P.i P.,1958,H.10, S.542-564)

Koenen W.: Die Entwicklung der örtlichen Organe der Arbeiter- und Bauernmacht in der DDR. (Nová mysl,1958, H.10, S.935-942)

Kremnjow,M.: Insel in Flammen.(Betr.Kuba).(N.Zeit,1958, H.40, S.16-19)

Krüger,U.: Demokratischer Zentralismus in Aktion.(Hswesen,1958, H.10, S.460-464)

Krutogolow,M.: Das neue Wahlsystem in Frankreich. (N.Zeit,1958,H.46, S.19-21)

Kudinov,N.A.: Die Immunität der Deputierten der örtlichen Sowjets. (Sov.gos.pravo, 1958,H.10, S.118-120)

Leymann,J.: Zusammenarbeit zwischen Nationaler Front und Staatsapparat - die Garantie für reale Erfolge. (Dem.Aufb.,1958,H.21. S.489-491)

Linsel: Westberliner Banken - Westberliner Wahlen. (DFW, 1958,H.22, Ausg.Geld,Kredit/Vers., S.618-620) 3

Lonscher,E.: Zur nationalen und internationalen Position Jugoslawiens. (T.1.2.).(Nat.,1958,H.9, S.631-647; H.10,S.717-734) 6

Mantel,F.: Mannen, die nichts Halbes machen.(Betr.faschistische Jugendverbände in Österreich).(Weltb.,1958, H.41,S.1286-1289)

Menschikow,S.: Amerika wählt. (N.Zeit, 1958,H.46,S.15-18)

Menschikow,S.: Amerika vor den Wahlen. (N.Zeit,1958, H.41,S.13-17)

Müller,H.;Th.Schneider: Musterentscheidung des Bundesverwaltungsgerichts zum Begriff "Ersatzorganisation der KPD". (NJ,1958,H.19, S.675-678)

Eine bedeutungsvolle Arbeit über die Nationalitätenfrage in Algerien. (Nová mysl, 1958,H.11, S.1027-1032)

Onan,E.S.: Die Vereinigte Arabische Republik, das Bollwerk der nationalen Staatlichkeit der arabischen Völker.(Sov.gos.pravo, 1958, H.10, S.81-92)

Petzold,S.;W.Schmidt: Gemeindevertretung - entscheidendes Instrument zur sozialistischen Umgestaltung der Landwirtschaft.(Dem.Aufb., 1958, H.19, S.442-444) 16

Pfaffenbach, F.: Zur Entwicklung der Lage in Westberlin.(Nat.,1958, H.9, S.605-622)

Pfützner,R.: Wer spaltete Vietnam, und wer verhindert seine Wiedervereinigung? (Dt.Auss.pol.,1958,H.10, S.978-987) 6

Pletnjow,E.: Frankreich: Die Rechte der Werktätigen in Gefahr. (N.Zeit, 1958, H.39, S.21-23)

Pušev,G.P.:(Puschew,G.P.): Über die Entstehung der Volksdemokratie in der Tschechoslowakei. (Vopr.fil.,1958, H.9, S.96-104) 3

Rhenanus:Der Weg zur Wiedervereinigung. (Weltb.,1958, H.46,S.1445-1451)

Riemann,T.: "Frontstadt"-Wahlen. (Dem.Aufb.,1958,H.23,S.536-538)

Schmidt,P.: Die Entwicklung unseres wirksamen Wahlsystems. (J.K.,1958, H.10, S.357-366)

Schneider, F.: Die Wahl soll dem Frieden, dem sozialen Fortschritt und dem Wohlstand dienen. (ArbR, 1958,H.10, S.289-291) 19

Schomburg, G.: Volksvertreter in der DDR - Konzernvertreter in Westdeutschland. (DFW, 1958, H.21, Ausg.Staatsh.,S.511-513 u.520)

Seigewasser,H.: Wie soll es in der politischen Massenarbeit weitergehen? (Dem.Aufb.,1958, H.23, S.529-531)

Semskov,I.: Über die sogenannte Teilung Jugoslawiens in "Einflußsphären".(Dt.Auss.pol.,1958, H.11, S.1113-1124) 6

Sergejewa,N.: Die politische Lage in Japan. (N.Zeit, 1958,H.44, S.5-8)

Siemieński,F.: Einige Probleme des Wahlsystems zu den Volksräten. (P.i P.,1958, H.8-9, S.310-326)

Sobczak,K.: Das neue Enteignungsrecht. (P.i P.,1958, H.8-9, S.292-302)

Stern,H.: Die sowjetischen Ostseerepubliken. (Dt.Auss.pol., 1958, H.10, S.966-973)

Sun Ya-ming: Der Kampf der zwei Richtungen in der Gesetzgebungsarbeit. (Stud.ü.Pol.u.Recht,(chin.),1958, H.6,S.23-26; deutsch: RID, 1958, H.19, Sp.562-568)

Tillmann,H.: Ghana, die Autobiographie von Kwame Nkrumah. Edinburgh 1957, 304 S. (Rez.).(Dt.Auss.pol.,1958, H.10,S.1001-1005)

Unger,O.: Die Rolle der Wahlen in der DDR für die weitere Festigung und Entwicklung der sozialistischen Staatsorgane und für die sozialistische Bewußtseinsbildung der Werktätigen.(St R,1958,H.10, S.953-967) 3

Villain,J.: Algerien hat das Wort. (T.2).(Weltb.,1958,H.40,S.1256-1258)

Villain,J.: Blick in das Räderwerk des FLN. (T.1.2.).(Weltb.,1958, H.41, S.1297-1302; H.42,S.1320-1324)

Die Saat der Gewalt geht auf.(T.1-3).(Betr.Volksnotstand in Westdeutschland).(Vpol.,1958,H.19,S.9; H.20,S.12; H.21,S.10)

Voss,H.: Viermächteverantwortung - wofür? (Dt.Auss.pol.,1958,H.10, S.988-997) 6

Realpolitik gegen Bonner Illusionen.(Betr. Wiedervereinigung Deutschlands). (Weltb.,1958, H.44, S.1386-1391)

Zakaria,I.A.: Der Sudan und die Probleme der nationalen Unabhängigkeit. (WGBew.,1958,H.10, S.12-13)

Zurakowski,J.: Über die Stellung des Präsidiums des Volksrates. (P.i P.,1958, H.8-9, S.365-375)

8.Gerichtsverfassung (einschließlich Staatsanwaltschaft, Justizverwaltung,Notariat u.Anwaltschaft)

Biebl,R.;F.Mühlberger: Fragen des neuen Arbeitsstils in der Justiz. (NJ, 1958,H.21, S.730-732)

Cieślak,M.: Die Teilnahme des Rechtsanwaltes im Untersuchungsverfahren. (Palestra, 1958,H.9, S.15-30) 11

Gucenko,K.;M.Raginskij(Guzenko,K.): Die Staatsanwaltschaft der USA. (Soc.zak.(SSSR),1958, H.10, S.78-81)

Jäckel,O.;H.Kern: Enge Zusammenarbeit mit den örtlichen Organen der Staatsmacht - unabdingbare Voraussetzung für die Entwicklung des sozialistischen Arbeitsstils in den Justizorganen.(NJ,1958,H.22, S.764-768)

Kleniewski,W.: Die Wahl der Schöffen für 1959-1960.(N.P.,1958,H.9, S.73-77)

Kozlov,V.(Koslow,W.): Über die Teilnahme des Staatsanwalts an der Gerichtsverhandlung. (Soc.zak.(SSSR), 1958, H.11, S.33-36)

Kraft,W.: Fragen der neuen Schiedsmannsordnung.(Schöffe, 1958,H.11, S.346-351)

Maass,W.u.a.: Entwicklung eines neuen Arbeitsstils in der Staatsanwaltschaft. (NJ, 1958,H.23, S.798-802)

Polan-Haraschin,J.: Militärpersonen vor allgemeinen Gerichten. (Palestra, 1958,H.9, S.34-40)

Probleme einer sozialistischen Rechtsanwaltschaft. (NJ, 1958, H.19, S.665-667)

Révai,T.: Die soziale Stellung des Anwalts.(Mag.Jog, 1958, H.8, S.250-253)

Škoda,V.: Die Aufgaben der Justiz, die sich aus dem XI.Parteitag der KPČ ergeben.(Soudce z lidu,1958,H.8, Beil.S.2-15; Soc.zák., 1958, H.7, S.401-416)

Skupin,H.;H.Schönhals: Auf dem Wege der Entwicklung zu sozialistischen Gerichten. (NJ, 1958, H.22,S.782-783)

Vida,I.: Die neue Verordnung über die Rechtsberater von Unternehmen und die sozialistische Gesetzlichkeit. (Mag.Jog, 1958,H.6, S.165-167)

Warman,Z.: Die Erweiterung des Bereichs, in dem eine Vertretung durch den Anwalt zulässig ist. (Palestra, 1958, H.9, S.31-33)

9.Verwaltungsrecht und Allgemeine Aufsicht desmStaatsanwalts

Abramowitsch,H.: Die Aufgaben der Abschnittsbevollmächtigten in der Verbrechensbekämpfung sowie zur Aufrechterhaltung der öffentlichen Sicherheit und Ordnung. (Schr.Dt.Vpol.,1958,H.26, S.13-28) 11

Albrecht,L.;H.Sondermann: Mit der Kraft der Arbeiterklasse den sozialistischen Arbeitsstil verwirklichen. (Dem.Aufb.,1958, H.19,S. 447-449)

Beamtentum - Instrument zur Unterdrückung der Werktätigen. (DFW, 1958,H.19, Ausg.Staatsh., S.474-475)

Berezovskaja,S.(Beresowskaja,S.): Die prozessualen Formen der Aufsicht der Staatsanwaltschaft über die Gesetzlichkeit der Akte von Institutionen und Organisationen. (Soc.zak.(SSSR), 1958,H.11, S.40-46)

Bretschneider,H.;G.Manz: Die Rolle der Wirtschaftsräte und der Plankommissionen der Räte der Kreise bei der Leitung und Planung der Wirtschaft. (Wirtsch.Wiss.,1958, H.6, S.769-785)

Bühnemann,F.: Die Wasserschutzpolizei und der Kampf gegen das Verbrechen. (Vpol.,1958, H.19, S.13-14)

Förster, H.J.: Die neue Planmethodik im Wohnungswesen.(DFW,1958, H.23, Ausg.Geld,Kred./Vers., S.646-648)

Frenzel,L.: Die Pflichten des Betriebsschutzes zur Aufrechterhaltung der betrieblichen Sicherheit und Ordnung. (Schr.Dt.Vpol.,1958,H.26, S.29-38)

Friedrich,G.: Zur weiteren Vervollkommnung der Wirtschaftsführung in den Grundfragen durch die Staatliche Leitung der sozialistischen Industrie. (Vertr.Syst.,1958, H.9, S.237-242)

Gazijanc,L.(Gasijanz,L.): Die Verbesserung von Eintragungen im Personenstandsregister. (Soc.zak.(SSSR), 1958, H.11,S.28-32)

Gorýnski,J.: Die neue Wohnungspolitik und ihre Verwirklichung. (Nowe Drogi, 1958,H.10, S.25-37)

Hartig,G.: Die Bedeutung einheitlicher statistischer Unterlagen für die planmäßige Zusammenarbeit der sozialistischen Länder. (Stat.Prax.,1958, H.10, S.217-220) 6

Hochbaum,H.U.: Der Verwaltungsakt in der Tätigkeit der Organe der Deutschen Volkspolizei. (Schr.Dt.Vpol.,1958, H.27, S.49-51)

Hromada,G.: Zu den Fragen der Leitung der Volkswirtschaft in unserer Republik. (Pr.studie, 1958, H.3, S.420-434)

Kästner,H.: Neuer Arbeitsstil und Brigadetätigkeit. (Dem.Aufb.,1958, H.23, S.534-536)

Kairov,I.: Die Schule auf das Niveau der Aufgaben des kommunistischen Aufbaus heben. (Kommunist, 1958, H.14, S.33-45)

Klimowiecki,R.: R.Meister, Die Krise der kommunalen Selbstverwaltung in der Bundesrepublik Deutschland.(dargestellt am Beispiel des Landes Nordrhein-Westfalen). Dresden 1957, 120 S.(Rez.)(P.i P.,1958, H.8-9, S.425-430)

Klinov,N.: Die Aufsicht über die Anwendung der Arbeitsgesetze. (Soc.zak.(SSSR), 1958, H.9, S.27-29) 19

Kommunal-politische Vormundschaft.(Betr.Kommunal-Polit.-Vereinigung in Westdeutschland.)(Stadt u.Gem.,1958, H.10, S.12-13)

Krenz,G.: Bauamt- mehr auf den Baustellen oder im Büro?(Dem.Aufb., 1958, H.21, S.494-496)

Kurskij,A.: Einige Fragen zur Verbesserung der Planung in der UdSSR. (Vopr.ekon.,1958, H.9, S.15-23)

Lämmerhirt, G.: Arbeitskader schneller für leitende Funktionen qualifizieren! (DFW, 1958, H.19, S.297-299)

Lange,F.: Die westdeutsche Schule im Dienste der psychologischen Kriegführung. (Dem.Aufb.,1958, H.21, S.493-494)

Leymann,E.;K.Pröger: Zur Verwirklichung des sozialistischen Arbeitsstils durch die örtlichen Organe der Staatsmacht.(St R, 1958,H.10, S.985-998)

Ludwig,P.: Die Deutsche Grenzpolizei sichert zuverlässig die Staatsgrenzen der DDR. (Militärwesen, 1958, H.5, S.686-693)

Mamutov,V.K.: Die Befugnisse des Volkswirtschaftsrates auf dem Gebiet der Leitung des wirtschaftlichen Aufbaues müssen genau festgelegt werden. (Sov.gos.pravo, 1958,H.10, S.110-113)

Mayo,M.: Die Bedingtheit der Aussiedlung mit Zuweisung eines anderen entsprechenden Wohnraumes. (J.N.,1958, H.4, S.647-652)

Namokel, K.: Die Aufgaben der staatlichen Organe auf dem Gebiet der Jugendförderung nach dem V.Parteitag. (Dem.Aufb.,1958, H.19,S.436-438)

Paliwoda,J.: Über den Bereich der allgemeinen Aufsicht der Staatsanwaltschaft. (N.P.,1958, H.10, S.74-84)

Panýrek,J.: Zu einigen Fragen der Verwaltungsleitung. (T.1.2.). (Soc.zák.,1958, H.6, S.364-375; H.7, S.416-422)

Petrov,I.G.: Die Kodifikationsaufgaben des sowjetischen Staatsverwaltungsrechts. (J.K.,1958, H.10, S.368-383)

Pisowicz,J.: Das Subjekt des Vermögens der früheren Dorfgemeinden. (P.i P.,1958, H.11, S.825-834) 13

Pollok,K.: Die Arbeit der Stellvertreter des Vorsitzenden richtig organisieren. (Dem.Aufb.,1958, H.23, S.531-533)

Púčik,J.: Zu einigen Fragen der Methodik der sozialistischen wissenschaftlichen Leitung der Industrie. (Nová mysl, 1958, H.11, S.981-992)

Roscher,W.;R.Mand: Wirtschaftsrat und Bezirksvorstand der Kammer der Technik organisieren Zusammenarbeit. (Dem.Aufb.,1958,H.19, S.451-453)

Rost,R.: Wenn wir die großen Aufgaben lösen wollen, dann... (Dem.Aufb.,1958, H.22, S.508-512)

Rothe,K.: Die Einbeziehung der Abschnittsbevollmächtigten in den Kampf gegen die Kriminalität ist in erster Linie eine politische Aufgabe.(Sohr.Dt.Vpol.,1958,H.27,S.20-25) 6

Šafir,M.A.;G.S.Ostroumow(Schafir,M.A.):Über die Vervollkommnung der Organisationsformen der Leitung der Industrie in der Volksrepublik China. (Sov.gos.pravo, 1958, H.5, S.111-116; deutsch: RID,1958, H.19, Sp.568-573)

Über die Festigung der Verbindung der Schule mit dem Leben und über die weitere Entwicklung des Volksbildungswesens in der UdSSR. (Forum,Wiss.Beil.,1958, H.48,S.1-12)

Die Unterstützung des Schulwesens in der DDR. (Vergleich mit Westdeutschland).(DFW, 1958, H.21, Ausg.Staatsh.,S.508-511) 10

Sorgenicht,K.: Qualifizierung der politischen Leitung - vordringliche Aufgabe nach der Wahl. (Dem.Aufb.,1958, H.22,S.505-507) 7

Die sozialistische Erziehung in der Verkehrspolizei und die Aufgaben dieses Dienstzweiges bei der Vollendung des sozialistischen Aufbaus in der Deutschen Demokratischen Republik. (Schr.Dt.Vpol.,1958, H.27, S.1-19)

Wagenhaus, G.: Den neuen Arbeitsstil auch auf kaderpolitischem Gebiet durchsetzen. (Dem.Aufb.,1958, H.22, S.513-516)

Wagenhaus,G.;F.Schmidt: So muß unser Staatsapparat klassenmäßig gestärkt werden. (Dem.Aufb.,1958, H.20, S.459-461)

10.Finanzrecht

Böttcher,G.: Neoliberalismus und Finanzpolitik in Westdeutschland. (DFW, 1958, H.23, Ausg.Staatsh., S.570-577)

Firu,S.: Ursachen und Evolution der Finanzkrise in Frankreich. (Probl.econ.,1958, H.5, S.106-119) 10

Friedel,R.: Staatseinnahmen und Preisbildung. (DFW,1958, H.19,Ausg. Staatsh.,S.470-473)

Hercher,K.: Zehn Jahre DM der Deutschen Notenbank - zehn Jahre Westmark. (DFW, 1958, H.20, S.319-321)

Herdegen,J.: Diesem System keinen Groschen? (T.1.2.).(Betr.Rüstungshaushalt in Westdeutschland).(DFW, 1958, H.20, Ausg.Staatsh., S.492-493; H.21,S.521-522)

Joswig,H.: "Sorgen" der Bankiers trotz zufriedener Gesichter. (DFW, 1958,H.22, Ausg.Geld,Kredit/Vers., S.615-617)

Linsel,H.: Der Inhalt der Bonner Geld- und Kreditpolitik: Geldschöpfung im Interesse der Aufrüstung. (DFW, 1958,H.20, Ausg.Geld, Kredit/Vers., S.572-574)

Mann,H.: Stand und Hauptaufgabe der Preispolitik in der DDR.(T.1-3). (DFW,1958,H.21, Ausg.Finanzen u.Buchf., S.604-607; H.22,S.636-639; H.23, S.668-670)

Palm,G.;P.Scobel: Stille Reserven bei Gründung eines halbsozialistischen Betriebes. (DFW, 1958,H.20, Ausg.Staatsh., S.489-491)

Zur Preisentwicklung in Westdeutschland. (DFW, 1958, H.23, Ausg. Staatsh.,S.568-569)

Rohde,E.: Der Haushaltsvergleich - eine Methode zur Verbesserung der Haushaltswirtschaft. (DFW, 1958,H.23, Ausg.Staatsh.,S.556-558)

Rubner,W.: Finanzpolitik hüben und drüben. (DFW, 1958, H.23, Ausg.Staatsh., S.553-555)

Sehlke,H.: Aktuelle Probleme bei der Finanzierung der Landwirtschaft durch die DBB. (DFW, 1958,H.21, Ausg.Geld u.Kred./Vers. S.577-580) 16

Vajda, I.: Einige Bemerkungen über die Preisbasis auf dem sozialistischen Weltmarkt. (Ahdl.,1958, H.22, S.775-778) 6

Visky,K.: Rechtsstreit - Preisstreit. (Mag.Jog, 1958, H.6,S.173-176.)

Vogel,E.: Besteuerung des privaten Hausbesitzes in der Deutschen Demokratischen Republik. (T.1.2.).(DFW,1958,H.21, Ausg.Staatsh., S.513-515; H.22, S.544-546)

Wagenblast,K.: Wie werden übertragene Haushaltsmittel eingesetzt? (DFW, 1958, H.23, Ausg.Staatsh., S,562-564)

11.Strafrecht, Strafprozeß

Bacharov,G.: Bedingungen, die Rechtsverletzungen von Jugendlichen begünstigen, müssen beseutigt werden. (Soc.zak.(SSSR), 1958, H.10, S.10-13)

Boldyrjew,W.A.: Über die Kodifikation der Strafgesetzgebung der Unionsrepubliken. (Sov.gos.prawo, 1958, H.7, S.90-98; deutsch: RID, 1958, H.20, Sp.601-605)

Buchholz,E.: Fragen der Strafzumessung und ihrer gesetzlichen Regelung. (NJ, 1958, H.21, S.746-750)

Cieślak,M.: Das Zusammentreffen von negativen Umständen (Bedingungen) im Strafprozeß. (N.P.,1958, H.9, S.31-39)

Cyprian,T.: Kodifikationsprobleme der Wirtschaftsverbrechen.(P.i P., 1958, H.11, S.746-761)

Deregowski,J.: Bemerkungen über das Gefängniswesen.(N.P.,1958,H.7/8, S.120-133)

Dolickij,E.: Die Entwendung von sozialistischem Eigentum beim Versand und Empfang von Frachten. (Soczak.(SSSR), 1958, H.9, S.7-12)

Dschi Ssu: Die revisionistischen Auffassungen im Kampf gegen schädliche Elemente müssen entschieden zurückgewiesen werden. (Stud.ü.Pol.u.Recht,(chin.), 1958, H.6, S,11-16; deutsch: RID,1958, H.19, Sp.674-584)

Der Kampf gegen Entwendungen staatlichen und gesellschaftlichen Eigentums muß verstärkt werden. (Soc.zak.(SSSR), 1958, H.11,S.6-10)

Flegl,V.: Drei Ansichten über die gerichtliche Jugendkriminalität. (Soc.zák.,1958, H.7, S.423-431)

Gel'fer, M.: Die Verantwortlichkeit bei Verbrechen gegen das persönliche Eigentum der Bürger. (Soc.zak.(SSSR), 1958, H.9, S.47-49)

Gimbut,A.: Über die Rechtsprobleme der Prostitution in Polen und über eventuelle Mittel zu ihrer Bekämpfung. (P.i P.,1958, H.8/9, S.340-353)

Goeyła,St.: Das Problem des versuchten Staatsverbrechens auf Grund des Art.79 § 2 Mil. StGB.(k.k.w.p.) und der Rechtsprechung der Gerichte. (N.P.,1958, H.9, S.50-59)

Gubiński,A.; J.Sawicki: Eine mißliche Frage auf Grund eines kasuistischen Gesetzes (300zł als Kriterium für die Qualifikation eines Verbrechens).(N.P.,1958, H.7/8, S.48-64)

Gubiński,A.;J.Sawicki: Die wirkliche und die scheinbare Rolle der allgemeinen und der speziellen Prävention. Im Zusammenhang mit den Richtlinien des Obersten Gerichts. (P.i P.,1958, H.10, S.579-597)

Hartisch,H.: Einige Bemerkungen über die Haussuchungen zur Nachtzeit. (Schr.Dt.Vpol.,1958, H.27, S.32-48)

Hartmann,R.: Bericht über die Tagung der Abteilung Strafrecht im Deutschen Institut für Rechtswissenschaft am 27.Juni 1958. (St R, 1958, H.9, S.945-952)

Hinderer,H.: Neugestaltung der Vorlesungen über das Strafrecht.(NJ, 1958, H.20, S.712-713)

Horgosi,G.: Das Prinzip der Gebundenheit an den Tatbestand im modifizierten Straf-Berufungsverfahren. (Mag.Jog, 1958, H.7,S.193-196)

Steigen der Jugendkriminalität und verheerende Unmoral in Westdeutschland - Spiegel der kapitalistischen Gesellschaftsordnung. (Jug.Heimerz.,1958, H.10, S.436-441)

Über die Ursachen der Jugendkriminalität.(J.K.,1958, H.7/8, S.300-303)

Kafarski,A,: Noch einmal über die bedingte Strafaussetzung im Lichte der Gerichtsstatistik. (N.P.,1958, H.10, S.46-58)

Király,T.: Der Freispruch. (Mag.Jog, 1958, H.6, S.162-165)

Király,T.: Die Vermutung der Unschuld. (J.K.,1958, H.7/8, S.277-289)

Kóci,J.: Einige Bemerkungen zur Geltendmachung von Strafmaßnahmen nach der gesetzlichen Verfügung Nr.57/1955 G.S. und zur Strafverfolgung von Personen, die ihre Unterhaltspflicht nicht erfüllen. (Soudce z lidu, 1958, H.9, S.118-121)

Kudlik,A.: Einige bedeutungsvolle kriminalpolitische Gegenwartsfragen. (Soc.zák.,1958, H.6, S.352-364)

Leim,E.: Abgrenzung der Hetze von der Staatsverleumdung.(NJ, 1958, H.20, S.694-697)

Lein,H.;E.Tobis: Wir diskutieren über ein neues Preisstrafrecht. (DFW, 1958, H.19, S.304-306) 10

Leonieni,M.: Die Berufung gegen die bedingte Verurteilung.(P.i P., 1958, H.10, S.598-612)

Lernell,L.: Zu den Problemen des Verbrechensobjektes.(P.i P.,1958, H.8/9, S.327-339)

Lipczýnska,M.: Das Recht auf Verteidigung im Untersuchungsverfahren nach dem Gesetz und in der Praxis. (N.P.,1958, H.7/8, S.73-86)

Maróti,L.: Lebt das Anklagevertretungsrecht des Privatklägers auf? (Mag.Jog, 1958, H.8, S.231-233)

Michlin,A.S.;S.A.Schlykov: Umstände, die die strafrechtliche Verantwortlichkeit verringern oder erhöhen. (Sov.gos.prawo, 1958,H.8, S. 77-80; deutsch: RID, 1958,H.20, Sp.612-616)

Mikos,J.;Z.Sobolewski: Ein Beitrag zu den Problemen "reformationis in peius" (Bemerkungen de lege lata).(P.i P.,1958,H.8-9, S.354-364)

Móra,M.: Das Urteil und seine Rechtskraft im Strafprozeß.(J.K., 1958, H.10, S.390-398)

Móra,M.: Zum Verhältnis von Urteil und Anklage. (Mag.Jog,1958,H.8, S.228-231)

Neményi,B.: Sachverhaltsänderung im Berufungsverfahren. (J.K.,1958, H.7/8, S.303-311)

Orschekowski,W.;M.Benjamin: Zu Fragen des materiellen Verbrechensbegriffs.(T.1.2.).(NJ, 1958,H.22, S.775-777; H.23,S.814-818)

Rešetnikov,F.M.(Reschetnikow,F.M.): Über einige Charakterzüge der modernen amerikanischen Kriminologie. (Sov.gos.pravo, 1958, H.10, S.124-129)

Römer,A.;W.Hennig: Die Verbrechen gegen die Deutsche Demokratische Republik.(T.4.).(Schr.Dt.Vpol.,1958, H.26, S.61-75)

Ruff,G.: Die Gesetzesverordnung über den strafrechtlichen Schutz der Erfüllung der Unterhalts- und Sorgepflicht.(Mag.Jog,1958, H.8, S.225-227)

Sawicki,J.: Der "rowdyhafte Charakter" des Verbrechens.(N.P.,1958, H.9, S.3-18)

Schmidt,H.;K.Görner: Diskussion zu den Problemen des sozialistischen Strafrechts. (Schöffe, 1958, H.11,S.329-336)

Schmidt-Bock,A.: Bemerkungen zum Begriff des Untersuchungsgefangenen und zu den Aufgaben des Untersuchungshaftvollzugs. (Schr.Dt.Vpol., 1958,H.26, S.39-43)

Schneider,G.: Fragen der Schuldfeststellung bei Verkehrsstrafsachen. (Schöffe, 1958, H.11,S.340-344)

Schubert,L.: Die Schuld als Element des Tatbestandes der Strafhandlung. (Pr.studie, 1958,H.3, S.374-419)

Schüsseler,R.: Gedanken zur künftigen Regelung des Ordnungsstrafrechts.(T.1.2.)(NJ, 1958, H.19, S.668-672; H.20,S.708-712)

Der Schutz des sozialistischen Eigentums. Die Würdigung schriftlicher Beweise im Strafprozeß der Volksrepublik Rumänien.(J.N.,1958,H.4, S.593-604)

Die Rechtsnormen müssen entschieden für den Schutz des sozialistischen Eigentums ausgenutzt werden. (J.N.,1958, H.4, S.581-592)

Schwarz,G.;K.H.Beyer: Die Anwendung der Normen des StEG zum Schutze des gesellschaftlichen Eigentums.(T.1.2.).(NJ,1958,H.21, S.736-738; H.22, S.769-772)

Šmarov,I.(Schmarow,I.) u.a.: Die Untersuchung der Persönlichkeit des Täters und die Strafzumessung. (Soc.zak.(SSSR),1958,H.10,S.14-16)

Smirnov,L.: Zu den Entwürfen der Grundsatzbestimmungen für die Strafgesetzgebung und das Strafverfahren der Union der SSR und der Unionsrepubliken. (Bjulleten Werchownowo Suda SSSR, 1958, H.4, S.21-26; deutsch: RID,1958, H.20, Sp.594-601)

Stiller,G.: Gedanken zur künftigen juristischen Ausbildung auf dem Gebiete des Strafrechts. (St R, 1958,H.9, S.930-937)

Die Grundsatzbestimmungen für die Strafgesetzgebung der Union der SSR und der Unionsrepubliken. (Sov.gos.prawo, 1958, H.6, S.3-12; deutsch: RID, 1958, H.20, Sp.585-594)

Tatomier,G.M.: Einige Bemerkungen zum Rowdytum. (J.N.,1958, H.4, S.657-660)

Ul'janova,L.: Die prozessuale Stellung des Anwalts im sowjetischen Strafprozeß. (Soc.zak.(SSSR), 1958, H.9,S.36-39) 8

Utevski,B.: Fragen der Strafe in der Strafgesetzgebung.(Soc.zák., 1958, H.7, S.3-9; deutsch: RID, 1958, H.20, Sp.605-612)

Ziemba,Z.: Die Konfiskation von Devisen als Sicherungsmittel. (N.P.,1958, H.9, S.86-89)

Žogin,N.(Shogin,N.): Die Ursachen der Kriminalität müssen beseitigt werden.(Soc.zak.(SSSR), 1958, H.10, S.7-9)

12.Kriminalistik,Gerichtliche Medizin, Gerichtspsychiatrie,-psychologie

Anton,A.: Die psychiatrische Beurteilung der Straffälligkeit Jugendlicher. (Schr.Dt.Vpol.,1958, H.27, S.52-65)

Kubizki,M.: Die Identifizierung unbekannter Toter an Hand des Schädels. (Schr.Dt.Vpol.,1958, H.27, S.71-83)

Kustanovič,S.D.(Kustanowitsch,S.D.): Die Anwendung der Gammagraphie mit Thulium 170 in der Gerichtsmedizin und Kriminalistik. (Schr.Dt.Vpol., 1958, H.26, S.76-80)

Prokop,O.: Gruppenbestimmungen aus Sperma und Speichel mit einigen Hinweisen für die Sicherung derartiger Spuren.(Schr.Dt.Vpol.,1958, H.27, S.66-70)

13. Zivilrecht

Bönisch, A.; H.H.Müller: Zur westdeutschen Kartellpolitik. (Wirtsch.Wiss., 1958, H.6, S.818-833)

Chalfina, R.O.: Die neue englische Gesetzgebung über die Monopole. (Sov.gos.pravo, 1958, H.10, S.93-104)

Csanadi, G.: Einige Bemerkungen zur Regelung der Geschäftsfähigkeit im Entwurf des Bürgerlichen Gesetzbuches. (Mag.Jog, 1958, H.7, S.200-202)

Dabrowski, H.: Die Regelung der rechtlichen Stellung des Besitzes, der unter staatlicher Verwaltung bleibt. (N.P., 1958, H.9, S.19-30)

Dötsch, J.: Belegschaftsaktie, Volksaktie und Investmentsparen - betrügerische Methoden der westdeutschen Monopolbourgeoisie zur Ausplünderung der Werktätigen. (St R, 1958, H.10, S.1011-1028)

Hamori, V.: Die Grundlagen der Schadenersatzpflicht Mehrerer im Entwurf des Bürgerlichen Gesetzbuches. (Mag.Jog, 1958, H.7, S.197-199)

Ignatowicz, J.: Wohnungsbaugenossenschaften im Lichte des Entwurfs zum Gesetz über die Genossenschaften und ihre Verbände. (P.i P., 1958, H.11, S.762-776)

Kejzlar, K.: Der Schutz des sozialistischen Eigentums in der zivilrechtlichen Gerichtsbarkeit. (Soudce z lidu, 1958, H.9, S.115-118)

Kiss, G.: Bemerkungen zum Vertragsrecht im Entwurf des Ungarischen Bürgerlichen Gesetzbuches. (J.K., 1958, H.7/8, S.261-272)

Klang, M.: Eine methodische Bemerkung zum Problem der Eigentumssanktionen. (Pr., 1958, H.8, S.726-728)

Kraszavcsikov, O.A.: Gegenstand und Inhalt der sowjetischen Zivilrechtswissenschaft. (J.K., 1958, H.7/8, S.272-277)

Schmidt, K.: Die staatliche Beteiligung schöpferisch weiterführen. (Dem.Aufb., 1958, H.23, S.547-549)

Spišiak, J.: Der vorläufige Vertrag in unserem Recht. (Soc.zák., 1958, H.6, S.375-378)

Stein, Št.; S.Janiš: Die Pflichten des Vermieters und des Mieters bei der Erhaltung des Hauseigentums. (Soc.zák., 1958, H.7, S.442-446)

Wyganowski, J.: Die zivilrechtliche Verantwortlichkeit bei Eisenbahnunfällen im Lichte der gerichtlichen Entscheidungen. (P.i P., 1958, H.10, S.622-633)

Wissenschaftliche Beratung im Ministerium der Justiz über die Schaffung eines Zivilgesetzbuches. (NJ, 1958, H.21, S.738-741)

14. Urheber- und Erfinderrecht

Becker, G.: Das neue Gesetz über die Arbeitnehmererfindungen in der Bundesrepublik - ein Gesetz im Interesse der Arbeitgeber. (Dem.u.R., 1958, H.5, S.154-160)

Vida ,S.: Reformbestrebungen bezüglich der Internationalen Union für Gewerbeschutz. (J.K.,1958, H.9, S.344-350) 6

15.Vertragssystem,Vertragsgerichtliches Verfahren

Freytag,G.: Zur Frage der Abgrenzung von Verzug und nicht qualitätsgerechter Lieferung. (Vertr.Syst.,1958, H.9,S.242-247)

Grinberg,L.u.a.: Die Gerichtspraxis bei Streitigkeiten wegen Nichteinhaltung von Eisenbahn-und Binnenschiffahrtsfrachtverträgen. (Soc.zak.(SSSR), 1958,H.10, S.22-28)

Haring, W.: Die Voraussetzungen und die Rechtsfolgen des Gläubigerverzuges gemäß § 51 des Vertragsgesetzes. (Vertr.Syst.,1958, H.11, S.307-311)

Kemenes,B.: Die Gefahrtragung im Rahmen des Unternehmervertrages. (Mag.Jog, 1958, H.9, S.267-271)

Klopfer,H.;H.Norwig: Probleme aus dem Verhältnis zwischen Plan und Vertrag. (Vertr.Syst.,1958, H.9, S.251-253)

Kobr,J.: Einige Hauptaufgaben der tschechoslowakischen Arbitrage, die sich aus den Beschlüssen des XI.Parteitages der KPČ ergeben. (Soc.zák.,1958, H.7, S.450-462)

Laptev,V.V.(Laptew,W.W.): Das Gesetz über das Vertragssystem in der sozialistischen Wirtschaft der DDR. (Sov.gos.pravo, 1958,H.10, S.64-74)

Linden,W.: Zur gesetzlichen Regelung der Gewährleistung bei Sachmängeln. (Vertr.Syst.,1958, H.11, S.311-314)

Löffler,K.H.: Einige Bemerkungen zur Spruchpraxis im Regreßverfahren.(Vertr.Syst.,1958, H.10, S.278-280)

Mészöly,P.: Der Bau- und Unternehmervertrag im Kapitel Planverträge des Entwurfs des Bürgerlichen Gesetzbuches. (Mag.Jog, 1958,H.8, S.236-242)

Nowitzki,I.B.: Über die Verantwortlichkeit der sozialistischen Organisationen für die Verletzung der Vertragsdisziplin. (Sov.gos.pravo, 1958,H.7, S.33-42; deutsch: RID, 1958,H.23,Sp.681-691)

Pflicke,G.: Zur Neuregelung der gegenseitigen Beziehungen der sozialistischen Betriebe in der DDR. (Pr.,1958, H.8,S.672-687)

Richter, R.: Zur Anwendung der Mindestsortimentsliste. (Vertr.Syst., 1958, H.10, S.273-278)

Spišiak, J.: Das neue System der ökonomischen Anregungen.(Pr.studie, 1958, H.3, S.435-513)

Wiszniewski: Das Vertragssystem in der sozialistischen Wirtschaft Polens. (Vertr.Syst.,1958, H.10, S.269-273)

16. LPG-Recht, Bodenrecht

Baier, E.: Zum Recht der Landwirtschaftlichen Produktionsgenossenschaften. (Schöffe, 1958, H.10, S.300-307)

Baschmakov, G.S.: Eine Konferenz über die Kodifizierung der Kolchosgesetzgebung. (Sov.gos.pravo, 1958, H.9.S.128-130; deutsch: RID, 1958, H.23, Sp.698-704)

Belli, N.: Das Tempo und die Formen der Kollektivierung der Landwirtschaft in der gegenwärtigen Etappe. (Probl.econ., 1958, H.5, S.72-88)

Biebl, R.: Die sozialistische Umwälzung auf dem Lande wirksam fördern. (Schöffe, 1958, H.10, S.308-311)

Demetrescu, P.: Begriff und Objekt des genossenschaftlichen Bodenrechts. (J.N., 1958, H.4, S.631-646)

Erofeev, B.; M. Lipecker: Die rechtliche Organisation des kollektiven Gartenbaus der Arbeiter und Angestellten. (Soc.zak.(SSSR), 1958, H.10, S.36-38)

Lenin über die internationale Bedeutung seines Genossenschaftsplans. (Probl.econ., 1958, H.4, S.3-6)

Hoffmeister, F.; G. Lucas: Die Beiräte für LPG bei den Räten der Bezirke und Kreise. (St R, 1958, H.10, S.999-1010) 7

Kotowski, G.: Die Agrarreform in Indien. (N.Zeit, 1958, H.48, S.14-16)

Le Yang-dji, Tiän Yä: Untersuchungen über Zivilrechtsfälle in Dörfern der Provinz Hobee. (Dem.u.R., 1958, H.5, S.144-154)

Liskovec, B. (Lisskowez, B.): Der Schutz der Vermögensinteressen der Kollektivwirtschaften. (Soc.zak.(SSSR), 1958, H.10, S.29-32)

Malinschi, V.T.: Die Agrarfrage in den Werken G.W. Plechanows. (Probl.econ., 1958, H.6, S.21-27)

Medve, Z.: Eine neue Etappe in der Entwicklung des Kolchosrechts. (J.K., 1958, H.7/8, S.296-300)

Nagy, L.: Der BGB-Entwurf und die "Bodennutzung". (Mag.Jog, 1958, H.9, S.271-274)

Pawlow, I.W.: Das Kolchosrecht in der gegenwärtigen Etappe. (Sov.gos.pravo, 1958, H.9, S.3-9; deutsch: RID, 1958, H.23, Sp.691-698)

Simionescu, D.: Eine neue Etappe in der Entwicklung der Kollektivwirtschaften der UdSSR. (Probl.econ., 1958, H.4, S.82-86)

Tzen Lin: Die landwirtschaftlichen Kreditgenossenschaften Chinas in der Übergangsperiode. (Probl.econ., 1958, H.3, S.67-78) 10

Valer, F.: Einige Fragen des tschechoslowakischen Landwirtschaftlichen Produktionsgenossenschaftsrechts. (Mag.Jog, 1958, H.8, S.233-236)

Zezula,J.: Die sozialistische Arbeitsdisziplin in den landwirtschaftlichen Einheitsgenossenschaften vom Standpunkt der Aufsicht des Staatsanwalts. (Soc.zák.,1958,H.2, S.108-116; deutsch: RID, 1958, H.23,Sp.704-712) 9,19

17.Familienrecht

Harrland,H.: Die elterliche Sorge im sozialistischen Familienrecht. (Jug.Helmerz.,1958, H.10, S.443-445)

Wolter,A.: Die Tendenzen der Änderungen des polnischen Familienrechts. (P.i P.,1958, H.8/9, S.269-291)

18.Zivilprozeß(einschließlich Familienrechtliches Verfahren)

Bajory,P.: Die Bedeutung der persönlichen Vernehmung der Parteien im Zivilprozeß. (Mag.Jog, 1958, H.7, S.208-212)

Berutowicz,W.: Die rechtliche Bedeutung des "Aufschubs des Verfahrens" bei Zivilsachen. (N.P.,1958, H.7/8, S.114-119)

Brioniewicz,W.;T.Rowiński: Das Problem der Zulässigkeit der Revision eines Versäumnisurteils im Zivilprozeß. (N.P.,1958,H.7/8,S.87-93)

Eberhardt,K.H.;H.Nathan: Probleme des Berufungsverfahrens nach rechtskräftiger Scheidung. (NJ, 1958, H.23,S.802-807)

Kellner,H.: Die Zwangsvollstreckung in das Arbeitseinkommen.(ArbR, 1958, H.10, S.304-307) 19

Kocon,W.: Bemerkungen zur Vernehmung der Zeugen und Parteien. (N.P.,1958, H.10, S.102-105)

Kommissarov,K.: Die Urteilsfällung durch das Gericht zweiter Instanz bei Zivilsachen. (Soc.zak.(SSSR), 1958, H.9, S.23-26)

Krajewski,J.: Die Verletzung des materiellen Rechts als Grundlage für eine Revision nach der Z.P.O. (k.p.c.).(N.P.,1958,H.10,S.3-20)

Névai,L.: Die Gesetzlichkeit, die Gerechtigkeit und die erzieherische Aufgabe im Zivilverfahren. (J.K.,1958, H.10, S.383-390) 3

PiekarskiM.: Die Anführung der Revisionsgrundlagen und ihre Begründung im Zivilprozeß, sowie die Fehler der Praxis.(T.2).(Palestra, 1958, H.9, S.3-14)

Piotrusiewicz-Kowalska,St.: Reformatorische Entscheidungen im polnischen Revisionsverfahren. (N.P., 1958, H.10, S.33-45)

Rajski,J : Die Jurisdiktion der polnischen Gerichte bei Scheidungssachen. (P.i P.,1958, H.10, S.613-621)

Rajski,J.: Die Jurisdiktion der polnischen Gerichte bei einigen Zivilsachen, die im Nichtstreitverfahren verhandelt werden. (N.P.,1958, H.10, S.59-73)

Simor,A.: Die neue Regelung des Eheprozeßverfahrens in der Praxis. (Mag.Jog, 1958,H.7, S.206-208)

Sukenik,S.A.;V.N.Možejko(Moshejko,W.N.): Über das Verfahren der Vermögensstreitigkeiten bei Beteiligung von Kollektivwirtschaften. (Sov.gos.pravo, 1958, H.10, S.56-63) 16

Winkler,F.K.: Neue Aufgaben auf dem Gebiete des Zivilprozeßrechts. (St R, 1958, H.9, S.922-929)

19.Arbeitsrecht und Arbeitsrechtliches Verfahren

Bock,G.: Die gewerkschaftliche Zustimmung bei Beendigung des Arbeitsrechtsverhältnisses. (Zur Änderung des § 11 der Kündigungsverordnung).(Arb.,1958, H.11, Beil.Arbeitsrecht, S.6-8)

Bonssdorf,H.: Zur Neuregelung der arbeitsrechtlichen materiellen Verantwortlichkeit der Werktätigen. (ArbR, 1958, H.10,S.301-303)

Bredernitz,H.: Das Mitbestimmungsrecht in den Privatbetrieben - ein bedeutsames Mittel beim Aufbau des Sozialismus. (Arb.,1958, H.12, Beil.Arbeitsr.,S.1-6)

Büttner,H.: Der neue Charakter der Arbeit als Grundlage des sozialistischen Arbeitsrechts. (ArbR, 1958, H.10, S.291-295) 3

Dreier,H.;G.Kirschner: Betriebsunfall oder Körperverletzung.(A.u.S., 1958, H.22, S.671-673) 11

Feiler,G.: Arbeitslohn und Bereicherung. (NJ, 1958,H.20,S.703-708)

Über die wahre und die scheinbare Freiheit der Gewerkschaften. (WGBew.,1958, H.10, S.35-37)

Ginju,G.: Zur Frage der Verantwortlichkeit bei einer unrechtmäßigen Entlassung. (Soc.pravo, 1958,H.6, S.19-25)

Görner,K.: Erscheinungsformen des Klassenkampfes im westdeutschen Arbeitsrecht. (ArbR, 1958, H.11,S.338-340)

Grätsch,H.: Über den Unterrichtstag in der sozialistischen Produktion. (ArbR, 1958,H.11, S.329-332)

Heinrich,G.: Adenauers "Große Sozialreform" im Spiegel der atomaren Aufrüstung. (ArbR, 1958,H.11,S.340-342 u.344)

Hrdlička,J.: Der Begriff des entgangenen und künftig entgehenden Verdienstes und die Frage der Verjährung des Anspruchs auf seinen Ersatz. (Soc.zák.,1958, H.7, S.436-442)

Hromada,J.: Rechtsfragen der Krankenversicherung. (Pr.,1958,H.8, S.754-760)

Jampolski,R.: Unsere Erfahrungen und Schlußfolgerungen(Arbeiterselbstverwaltung). (Nowe Drogi, 1958,H.11, S.89-94) 7

Iscaro,R.: Einheitswille gegen Spaltungsmanöver.(Betr.argentin.Gewerkschaften).(WGBew.,1958,H.11, S.24-26)

Knabe,E.: Wie kann die Schwerbeschädigten-Betreuung in der DDR weiter verbessert werden? (A.u.S.,1958,H.19, S.581-583)

Kohlwage,R.: Zur Verbesserung der Arbeit der Konfliktkommissionen. (ArbR, 1958, H.10, S.308-310)

Kolb,M.: Fragen der Lohnpolitik der Gewerkschaften.(Arb.,1958,H.12, S.30-33)

Kranke,R.;W.Rudelt: Plane mit, arbeite mit, regiere mit! (ArbR, 1958, H.11, S.321-324)

Kunz,F.;W.Tippmann: Die Arbeitsrechtslehre muß dem vollen Sieg des Sozialismus in unserer Republik wirksamer dienen. (St R, 1958,H.9, S.910-921)

Loga-Sowinski,I.: Die Arbeiterselbstverwaltung der Hebel des wirtschaftlichen Fortschritts des Landes. (Nowe Drogi,1958, H.11,S.44-51) 7

Meier,K.: Atomare Aufrüstung = soziale Abrüstung. (Arb.,1958,H.12, S.34-37)

Metlička,J.: Zum Verfahren der Gerichte bei der Entscheidung über bedingte Entlassung. (Soc.zák.,1958, H.7, S.431-435)

Peschke,P.: Sozialbetrug im Schatten der westdeutschen Atomrüstung. (A.u.S.,1958, H.22,S.676-678)

Petelin,G.N.: Die weitere Ausdehnung der Rechte der Gewerkschaftsorganisationen. (Sov.gos.pravo, 1958,H.10, S.24-31)

Piekarski,M.: Das gesellschaftliche Verhältnis der Arbeit im Lichte des neuen Musterstatuts der Arbeitsgenossenschaften. (N.P.,1958, H.7/8, S.39-47)

Rázga,V.;M.Hronsky: Konsequent die sozialistischen Prinzipien der Entlohnung der Arbeit zur Geltung bringen. (Nová mysl, 1958, H.10, S.898-912)

Renneberg,B.: Für einen Umschwung in der Arbeitsrechtswissenschaft. (St R, 1958, H.9,S.938-944)

Rogge,W.: Die Betriebsprämienordnung richtig anwenden. (Arb.,1958, H.12, Beil.Arbeitsr., S.6-8)

Schneider,R.;F.Kunz;W.Tippmann: Die Festigung und Förderung der sozialistischen Arbeitsverhältnisse ist die Hauptaufgabe des Arbeitsrechts in der Deutschen Demokratischen Republik. (ArbR, 1958,H.11, S.327-329)

Schulz,W.: Betriebsfunktionäre diskutieren über die Thesen zu einer arbeitsrechtlichen Regelung der materiellen Verantwortlichkeit der Werktätigen. (A.u.S.,1958, H.20, S.606-608)

Sithole,E.F.C.: Die afrikanischen Arbeiter in Südrhodesien. (WGBew.,1958, H.10, S.17-19)

Skala,H.: Zur Verantwortlichkeit im Arbeitsschutz. (A.u.S.,1958, H.21, S.633-635)

Süpke,E.: Einige Bemerkungen zu den Thesen über die Neuregelung der arbeitsrechtlichen materiellen Verantwortlichkeit.(Arb.,1958,H.11, Beil.Arbeitsrecht, S.1-6)

Torrealba,L.: Wiedergeburt der Gewerkschaftsbewegung in Einheit. (Venezuela). (WGBew.,1958, H.11,S.27-29)

Vajsfel'd,L.;J.Cederbaum(Wajssfeld,L.): Die Festsetzung staatlicher Renten und die Feststellung rechtserheblicher Tatsachen. (Soc.zak.(SSSR), H.9, S.15-22)

Wagner,E.: Vorbildliche Leistungen für unsere Frauen.(A.u.S.,1958, H.21, S.638-642)

Wasik,J.: Aus der Problematik der bedingten Entlassung.(N.P.,1958, H.7/8, S.94-104)

Weltner,A.: Der Betriebsrat und das Betriebskollektiv. (J.K.,1958, H.7/8,S.249-261)

Wolfard,J.: Das Problem der gewerkschaftlichen Demokratie in den Vereinigten Staaten. (WGBew.,1958, H.10, S.23-25)

Zieliński,T.: Rechtliche Probleme der Arbeitsentlohnung im Lichte der Grundsätze der Lohndisziplin. (N.P.,1958, H.9, S.60-72)

20.Internationales Privatrecht

Keine Eingänge

21.Sonstiges

Büchner-Uhder,W.;U.Krüger: Die Entwicklung der juristischen Fakultäten und ihre neuen Aufgaben bei der Ausbildung sozialistischer Staatsfunktionäre. (St R, 1958, H.10,S.1029-1041)

Dornberger,G.: Zur Konzeption der Vorlesung "Recht der sozialistischen Wirtschaft der Deutschen Demokratischen Republik". (St R, 1958, H.10, S.1042-1052)

Fabert,K.: Arbeiter-und-Bauern-Studium - Voraussetzung für die Entwicklung aller Begabungen. (Hswesen,1958, H.11, S.511-513)

Püschel,H.: Die Gesetzgebung der Deutschen Demokratischen Republik. (III.Quartal 1958).(NJ, 1958,H.21, S.741-746)

Wiemann,H.: Gedanken zur Gestaltung der neuen Vorlesung "Recht der internationalen Wirtschaftsbeziehungen der DDR." (St R,1958, H.10, S.1053-1060)

Ein neues Verhältnis der Wissenschaft zur Praxis.(Interview m. Dr.Oswald Unger).(Dem.Aufb.,1958, H.23, S.541-544)

B. BIBLIOGRAPHIE AUS ZEITSCHRIFTEN DER DEUTSCHEN BUNDESREPUBLIK

Diese Bibliographie enthält eine Auswahl einschlägiger Artikel aus folgenden Zeitschriften: 1)

AcP	= Archiv für die civilistische Praxis, Tübingen	1958,Bd 157,H.4
AG	= Der Arbeitgeber, Düsseldorf	1958,H.19-22
ArbuR	= Arbeit und Recht, Köln	1958,H.10-11
Arch.f.Krim.	= Archiv für Kriminologie, Lübeck	1958,Bd 122, H.3-4
ARSP	= Archiv für Rechts- und Sozialphilosophie, Meisenheim/Gl.	1958,Bd 44,H.3
AUSS.POL.	= Außenpolitik, Stuttgart	1958,H.9-10
Aussw.D.BB	= Außenwirtschaftsdienst des Betriebsberaters, Heidelberg	1958,H.10
AVö	= Archiv des Völkerrechts, Tübingen	1958,Bd 7,H.3
B	= Der Betrieb, Düsseldorf	1958,H.40-47
BB	= Der Betriebsberater, Heidelberg	1958,H.29-32
Betr.Verf.	= Die Betriebs-Verfassung, Frankfurt/M. .	1958,H.8-9
DNotZ	= Deutsche Notar-Zeitschrift, München, Berlin	1958,H.10-11
DÖV	= Die Öffentliche Verwaltung, Stuttgart .	1958,H.26-31
DRiZ	= Deutsche Richterzeitung,Köln, Berlin ..	1958,H.10-11
Dtsch.Z.gerichtl.Med.	= Deutsche Zeitschrift für die gesamte gerichtliche Medizin, Berlin ..	1958,Bd 47,H.3
DVBl.	= Deutsches Verwaltungsblatt,Köln,Berlin	1958,H.19-21
EA	= Europa-Archiv, Frankfurt/M.	1958,H.19-21
FamRZ	= Ehe und Familie im privaten und öffentlichen Recht, Bielefeld	1958,H.10-11
GAStr.	=Goltdammer's Archiv für Strafrecht, Hamburg	1958,H.10-11
Gew.Mon.H.	= Gewerkschaftliche Monatshefte, Köln ...	1958,H.10-11
GRUR	= Gewerblicher Rechtsschutz und Urheberrecht, Weinheim	1958,H.10
GRUR Ausl.	= Gewerblicher Rechtsschutz und Urheberrecht (Auslands- und Internationaler Teil), Weinheim	1958,H.10
IKPR	= Internationale Kriminalpolizeiliche Revue, Deutsche Ausgabe, Paris-Wiesbaden	1958,H.118-121
JZ	= Juristenzeitung, Tübingen	1958,H.19-22
Krim.	= Kriminalistik, Zeitschrift für die gesamte kriminalistische Wissenschaft und Praxis, Hamburg	1958,H.10-11
Mbl.freiheitl.Wipol.	= Monatsblätter für freiheitliche Wirtschaftspolitik, Frankfurt/M.	1958,H.10-11

MDR	= Monatsschrift für Deutsches Recht, Hamburg	1958,H.11
Mschr Krim	= Monatsschrift für Kriminologie und Strafrechtsreform, Berlin, Köln	1958,H.5-6
N.Abendl.	= Neues Abendland, Jahrbuch für Politik und Geschichte, München	1958,H.3
N.Gesellschaft	= Die Neue Gesellschaft, Bielefeld	1958,H.6
NJW	= Neue Juristische Wochenschrift, München	1958,H.41-48
Polit.Studien	= Politische Studien, Monatshefte der Hochschule für Politische Wissenschaften, München	1958,H.102-103
RdA	= Recht der Arbeit, München, Berlin	1958,H.10-11
RdJ	= Recht der Jugend, Berlin	1958,H.20-22
RdL	= Recht der Landwirtschaft, Hamburg	1958,H.10
SchlHA	= Schleswig-Holsteinische Anzeigen, Kiel	1958,H.6,10-11
SCHM.JB.	= Schmollers Jahrbuch für Gesetzgebung, Verwaltung und Volkswirtschaft, Berlin	1958,H.5
SKV	= Staats- und Kommunalverwaltung, Berlin	1958,H.10-11
Soz.Sicherh.	= Soziale Sicherheit, Zeitschrift für Sozialpolitik, Köln	1958,H.10-11
TW	= Teilzahlungswirtschaft, Dortmund	1958,H.6
UFITA	= Archiv für Urheber-,Film-,Funk- und Theaterrecht, Baden-Baden	1958,Bd 26,H.3/4
Verw.Arch	= Verwaltungsarchiv, Köln, Berlin	1958,H.4
Vjh.Zeitgesch.	= Vierteljahreshefte für Zeitgeschichte, Stuttgart	1958,H.4
Weltw.Arch.	= Weltwirtschaftliches Archiv,Zeitschrift d.Instituts f.Weltwirtschaft an der Universität Kiel, Hamburg	1958,Bd 81,H.1
WRP	= Wettbewerb in Recht und Praxis, Frankfurt/M.	1958,H.10-11
WuW	= Wirtschaft und Wettbewerb, Düsseldorf	1958,H.10-11
Zbl.JugR	= Zentralblatt für Jugendrecht und Jugendwohlfahrt, Köln, Berlin	1958,H.10
ZLR	= Zeitschrift für Luftrecht, Berlin, Köln	1958,Bd 7,H.4
ZMR	= Zeitschrift für Miet- und Raumrecht, Düsseldorf	1958,H.11
ZSR	= Zeitschrift für Sozialreform, Wiesbaden	1958,H.9-10
ZStr.	= Zeitschrift für die gesamte Strafrechtswissenschaft, Berlin	1958,Bd 70,H.3
Z.St.soz	= Zeitschrift für Staatssoziologie, Darmstadt	1958,H.3
ZV u.ZV	= Zeitungs-Verlag und Zeitschriften-Verlag, Wiesbaden	1958,H.19-22
ZZP	= Zeitschrift für Zivilprozeß, Berlin	1958,Bd 71, H.5/6

1) Die hier aufgeführten Hefte sind gemäß der Benutzungsordnung der Bibliothek des Deutschen Instituts für Rechtswissenschaft bedingt ausleihfähig.

1.Soziologie,allgemeine Staatslehre, Rechtsphilosophie [1]

Abendroth,W.: Das Problem der Beziehungen zwischen politischer Theorie und politischer Praxis in Geschichte und Gegenwart der deutschen Arbeiterbewegung. (N.Gesellschaft,1958, H.6, S.466-477)

Asúa,L.J.de: Das spanische Rechtsdenken und sein Einfluß in Europa. (ZStr.,1958,Bd 70, H.3, (Beil.),S.99-125) 7

Bobbio,N.: Über den Begriff der "Natur der Sache". (ARSP,1958,Bd 44, H.3, S.305-321)

Bull:Rechtsstaat ohne Rechtssicherheit? (ZZP, 1958,Bd 71,H.5/6, S.354-357)

Coing,H.: Die Dritte Gewalt.(Betr.Gewaltenteilung).(DRiZ, 1958,H.10, S.280-282)

Franzel,E.: Geist und Politik.(Betr.Intelligenz).(N.Abendl.,1958, H.3, S.195-206)

Grebing,H.: Die deutsche Sozialdemokratie vor dem ersten Weltkrieg. (Polit.Studien, 1958,H.102, S.714-722)

Hartz: Sittlichkeit, Rechtssicherheit und Gewaltenteilung als Wesenselemente des Rechtsstaates. (B, 1958,H.44, S.1224-1226)

Hellerbrand, W.: Zum metaphysischen Voluntarismus bei Schelling, Georg Friedrich Puchta und in der römischen Jurisprudenz.(ARSP, 1958, Bd 44, H.3,S.381-410)

Ittensohn,J.: "Demokratischer Wirtschaftssozialismus" auf dem Vormarsch? (Mbl.freiheitl.Wipol.,1958, H.10, S.600-604) 3

Kasnacich-Schmid,J.: Die sozialisierte Marktwirtschaft.(Gew.Mon.H., 1958, H.10, S.589-599)

Klein,R.: Rechtsfortbildung und Billigkeitsrechtsprechung.(JZ,1958, H.19/20, S.585-591) 16

Knoeringen,W.von: Der Plan "Zukunft".(Betr.Demokr.Sozialismus). (N.Gesellschaft, 1958,H.6, S.413-417)

Koestler,W.A.: Braten oder Brühe - das ist die Frage!(Betr.Grundsatzprogramm der SPD) (N.Gesellschaft, 1958, H.6,S.450-455)

Kofler,L.: Zur Soziologie des Arbeiters.(SCHM.JB.,1958, H.5,S.1-29)

Labour-Kongreß in Scarborough. (AG, 1958,H.20, S.615-616)

1) Die nach der Fundstelle eines Artikels angegebenen Zahlen verweisen auf die Bedeutung dieses Artikels auch für andere Fachgebiete entsprechend der hier zugrunde gelegten Systematik.

Ludwig, H.: Die Religionen und der Tempel des Reiches.(N.Abendl., 1958, H.3, S.207-225)

Lübbe,H.: Die politische Theorie des Neukantianismus und der Marxismus. (ARSP, 1958, Bd 44,S.333-350)

Luther,G.: Zur neueren Rechtsentwicklung in Italien.(DRiZ, 1958, H.10, S.278-280)

Marsilius,G.: Von konservativen Liberalismus.(Betr.Gleichheit vorm Gesetz).(Mbl.freiheitl.Wipol.,1958, H.11, S.657-658)

Meyn,E.: Die Rolle der Rüstung in der Wirtschaft. (Betr.Verf.,1958, H.9, S.175-179)

Reinhold,J.: Wohlfahrtsstaat oder Versorgungsstaat? (N.Gesellschaft, 1958,H.6, S.456-461) 17

Thyssen,J.: Philosophische Probleme am Anfang des Atomzeitalters. (AUSS.POL.,1958, H.9, S.558-572)

Vaerting, M.T.: Das Militär - Schutzmacht oder Gefahr für den Staat? (Z.St.soz.,1958, H.3,S.1-6)

Vaerting, M.T.: Der Rassenhaß - ein internationales Problem. (Z.St.soz.,1958, H.3, S.6-11) 3

Wolf,E.: A.-H.Chrousts Sokratesbuch. (ARSP, 1958, Bd 44,H.3,S.371-379)

2.Staats-und Rechtsgeschichte

Döhring,E.: Die deutsche Staatsanwaltschaft in ihrer geschichtlichen Entwicklung. (DRiZ, 1958, H.10,S.282-287) 9

Loschelder,W.: Zum 19.November 1808: 150 Jahre Städteordnung. (SKV, 1958,H.11, S.241-244)

3.Völkerrecht und Außenpolitik

Beuchelt,E.: Der französische Sudan und die Unabhängigkeit. (AUSS.POL.,1958, H.10,S.630-636)

Cooper,C.: Raketen und Satelliten - Das Recht und unsere nationale Politik. (ZLR, 1958,Bd 7,H.4,S.394-403)

Grubbe,P.: Die Stimme Afrikas.(Betr.Unabhängigkeit).(AUSS.POL.,1958, H.9,S.592-596)

Der Handel Lateinamerikas mit den Ländern des Europäischen Gemeinsamen Marktes. (EA,1958, H.19/20, S.11107-11120)

Heusch,H.: Kommunen als Förderer des Europa-Gedankens.(Polit.Studien, 1958, H.102,S.697-705) 5

Honig,F.: Völkerrechtsfragen aus dem Bereich des British Commonwealth 1947 - 1957. (AVö, 1958,Bd 7,H.3, S.287-302)

Istel,W.: Das moralische Element in der amerikanischen Außenpolitik. (AUSS.POL.,1958, H.10,S.636-644)

Knauth,A.: Rechtsprobleme des Weltraums im Hinblick auf die Vereinten Nationen. (ZLR, 1958,Bd 7,H.4, S.379-393)

Meyer,E.W.: Bewährungsprobe der westlichen Demokratien in Vorderasien, Ostasien und Afrika. (AUSS.POL.,1958, H.9, S.573-576)

Münch:Tätigkeit der Vereinten Nationen in völkerrechtlichen Fragen. (AVö, 1958,Bd 7, H.3, S.262-286)

Münch,I.von: Völkerrechtsfragen der Antarktis. (AVö, 1958,Bd 7,H.3, S.225-252)

Riese,O.: Erfahrungen aus der Praxis des Gerichtshofs der Europäischen Gemeinschaft für Kohle und Stahl. (DRiZ, 1958,H.10,S.270-274) 9

Sänger,E.: Verkehrspolitische Aspekte der Raumfahrt.(AUSS.POL., 1958, H.9, S.597-598) 5

Schröder-Brzosniowsky,I.: Der Stand der wirtschaftlichen Integration Europas im Herbst 1958. (Gew.Mon.H.,1958,H.10, S.623-626)

Schulz,H.F.: Zur Kritik am Entwurf eines deutschen Außenwirtschaftsgesetzes. (Aussw.D.BB, 1958, H.10, S.198-200) 4

Seidl-Hohenveldern,I.: Die Belgrader Donaukonvention von 1948. (AVö, 1958, Bd 7,H.3, S.253-261)

Sympher: Internationale Gerichte in den Verträgen der Bundesrepublik. (DRiZ, 1958,H.10, S.266-270) 9

4.Staatsrecht

Beine: Rechtsprobleme bei der Anlegung und dem Betrieb eines Flughafens. (ZLR, 1958,Bd 7,H.4, S.365-378) 12

Bergsträßer,L.: Die Verfassung der fünften Republik.(Polit.Studien, 1958, H.103,S.778-783)

Blau,P.: Keine Angst vor Verstaatlichung. (Gew.Mon.H.,1958, H.10, S.581-588)

Conze,W.: Geschichtsbewußtsein und Wiedervereinigung. (AUSS.POL., 1958, H.9, S.547-557) 3

Eisemann,P.: Grenzen des Weisungsrechts für den "im Einzelfall sachlich zuständigen Minister" gegenüber dem Staatskommissar beim Oberverwaltungsgericht des Saarlandes. (DÖV,1958, H.26/27,S.685-690)

Erdsiek:Umwelt und Recht. (Betr.Freiheit der Persönlichkeit). (NJW, 1958,H.43, S.1719-1721)

Erler,F.: Möglichkeiten einer Politik des Disengagement. (Betr. Wiedervereinigung Deutschlands). (N.Gesellschaft, 1958,H.6,S.436-441) 3

Frankreichs neue Verfassung. (AG, 1958, H.20, S.612-614)

Perspektiven.(Betr.Frankreich - de Gaulle).(Polit.Studien, 1958, H.102, S.673-678)

Fuß,E.W.: Grundrechtsgeltung für Hoheitsträger? (DVBl.,1958, H.21, S.739-747)

Gleitze,B.: Praktische Koexistenz der deutschen Volkswirtschaft auf dem Wege zur Wiedervereinigung. (N.Gesellschaft, 1958,H.6, S.442-449) 3

Götz,A.: Die Verfassung der 5.Französischen Republik. (NJW, 1958, H.47, S.1907-1909)

Golz,G.: Minister in Aufsichtsräten von Wirtschaftsunternehmen? (DÖV, 1958, H.29-30, S.757-760) 12

Hamann, A.: Heranziehung von Schulkindern zu öffentlichen Veranstaltungen. (RdJ, 1958, H.21, S.321-323)

Hausen,H.von.;H.J.v.d.Heide: Die rechtliche und funktionelle Bedeutung der Art. 84 und 85 GG. (DÖV, 1958, H.29/30, S.753-757)

Krüger,H.: Cölibatsklausel im öffentlichen Dienst.(DÖV, 1958,H.29-30, S.761-763) 5

Meyer,E.W.: Gedanken zur Politik der Wiedervereinigung.(AUSS.POL., 1958, H.10, S.614-630) 3

Meyn,E.: Die Überführung von Produktionsmitteln in Gemeineigentum. (Betr.Verf.,1958, H.8, S.159-163)

Nau,Ph.: Beschlagnahme des Führerscheins und Blutentnahme bei Abgeordneten. (NJW, 1958,H.42, S.1668-1670) 7

Pendle,G.: Die Demokratie in den spanisch sprechenden Republiken Lateinamerikas. (EA, 1958, H.19/20, S.11095-11104) 3

Pietzonka: Artikel 14 des Grundgesetzes in bau-und planungsrechtlicher Sicht. (DRiZ, 1958,H.11, S.306-310) 5

Posser,D.: Zur Entwicklung der deutschen Frage seit 1945. (N.Gesellschaft, 1958,H.6, S.418-427) 3

Rieger,W.: Die Rechtsprechung zum Gesetz über die Abgeltung von Besatzungsschäden. (DVBl.,1958, H.22,S.787-791) 10

Stockhausen,H.W.: Pakhtunistan. (Polit.Studien,1958,H.102,S.708-713)

Walti: Die Einigung im Enteignungsverfahren nach dem Landbeschaffungsgesetz. (NJW, 1958, H.44,S.1767-1768)

Grenzen des Weisungsrechts gegenüber dem Staatskommissar beim OVG Saarland (Nachtrag).(Zum Artikel von Eisemann DÖV, H.26/27,S.685) (DÖV,1958, H.28,S.737)

Westphal,J.O.E.: Die Entschädigungspflicht bei Baubeschränkungen zugunsten der Luftfahrt. (DÖV,1958, H.31, S.807-811) 10

5.Verwaltungsrecht und Verwaltungsgerichtsverfahren

Altmann,C.H.: Selbstkostenpreise bei öffentlichen Aufträgen.(DÖV, 1958, H.29/30, S.768-772)

Bank,B.: Beamtenethos und Beamtenehre. (SKV, 1958,H.10,S.217-219)

Baring: G.Wacke, Grundlagen des öffentlichen Dienstrechts. Tübingen 1957, 130 S.(Rez.).(Verw.Arch, 1958,H.4, S.385-389)

Bergmann,W.: Das Rechtsschutzbedürfnis bei der verwaltungsgerichtlichen Feststellungsklage.(Verw.Arch, 1958,H.4, S.333-367)

Bernhardt,W.: Der Rechtscharakter des Deutschen Patentamts.(NJW, 1958, H.46, S.1851-1854) 11

Blaum,K.: Öffentliche Verwaltung und wirtschaftliche Unternehmen. (DVBl., 1958, H.19/20, S.666-670)

Bohne:Der Stand der Jugendhilfe und der Jugendverbände in Lübeck und Vorschläge zur Verbesserung der Jugendhilfe gemäß § 1 RJWG. (T.3).(Zbl.JugR, 1958, H.9,S.227-232)

Clasen,H.: Ist es zulässig, die Sitzungen der städtischen Ausschüsse öffentlich abzuhalten? (SKV, 1958, H.10,S.230-231)

Cristensen,B.: Die Mitwirkung von Ausschüssen in der staatlichen Verwaltung - Dänemark und England. (Verw.Arch, 1958,H.4,S.312-322)

Croix, F.de la: Zur Problematik des Leistungsstops aus § 3 Abs.2 des Allgemeinen Kriegsfolgengesetzes. (NJW, 1958, H.45, S.1805-1808) 4

Delbrück,E.: Landesämter - ein Mißerfolg? (Betr.Verwaltungsreform in Schlesw.-Holstein).(DÖV,1958, H.28, S.721-728)

Donner,W.: Die Übervölkerung marokkanischer Städte.(Betr.Wohnungsbau).(Gew.Mon.H.,1958, H.11,S.684-689)

Fertig,H.: Der Rechtsanspruch der außerplanmäßigen Professoren und Privatdozenten auf Dienstbezüge. (DÖV,1958,H.26/27, S.690-693)

Friesecke,K.: Die Möglichkeiten und Grenzen einer Abänderung rechtskräftiger Bescheide. (NJW, 1958,H.42, S.1663-1666)

Gähtgens,W.: Fünf Jahre Bundesentschädigungsrecht. (SchlHA,1958, H.10, S.276-280)

Gerber,H.: Der Vertreter des öffentlichen Interesses im Verwaltungsprozeß. (DÖV,1958, H.26/27, S.680-684)

Gymnich,P.: Bücher für Leben und Tod. (Betr.Personenstandswesen). (SKV, 1958, H.11,S.247-249)

Halleux,J.: Das polizeiliche Vorgehen.(IKPR, 1958,H.119,S.162-167)

Haueisen: Zur Frage der Rücknahme fehlerhafter Verwaltungsakte. (NJW, 1958,H.42, S.1661-1663)

Heinze-Rogée,W.: Ein Beitrag zur Kritik an Gesetzgebung und Rechtsdurchsetzung.(Betr.Beamtenversorgung).(SchlHA, 1958,H.11,S.295-298) 1

Herold,G.: Die außervertragliche Haftung des Lehrers gegenüber Eltern und Kindern. (RdJ, 1958,H.21,S.323-327) 10

Husen,P.von: Die Überlastung der Verwaltungsgerichte.(DVBl.,1958, H.19/20, S.671-676)

Kleinmann,P.: Zweck und Ziel einer Vermögensrechnung der öffentlichen Hand. (DÖV,1958, H.21, S.803-807) 6

Krauthausen,U.: Tatsachenerhebung und Beratung in der deutschen öffentlichen Verwaltung. (DVBl.,1958, H.21, S.729-733)

Krüger,H.: "Verbot mit Erlaubnisvorbehalt" und "Gewährung mit Auslesevorbehalt". (DÖV, 1958, H.26/27, S.673-678)

Kübler,K.: Zur Behandlung der alten Rechte und alten Befugnisse im Wasserhaushaltsgesetz (WHG).(DÖV, 1958, H.28, S.728-732)

Landron,P.: Die Mitwirkung von Ausschüssen in der französischen staatlichen Verwaltung. (Verw.Arch, 1958, H.4,S.297-312)

Menger,C.F.: Höchstrichterliche Rechtsprechung zum Verwaltungsrecht. (Verw.Arch, 1958, H.4,S.368-379)

Naumann,R.: Zur Rechtsprechung des Bundesverwaltungsgerichts. (DÖV,1958, H.26/27, S.678-680)

Neukäter,A.: Grundlegende Unterschiede zwischen der Stellung des Oberstadtdirektors, des Oberkreisdirektors und des Direktors des Landschaftsverbandes. (SKV, 1958, H.10,S.229-230)

Olson,M.G.: Chikago - die weibliche Polizei. (IKPR, 1958,H.119, S.168-172)

Paletta: Erlaß von Straßenordnungen durch Ämter und kreisangehörige amtsfreie Gemeinden in Nordrhein-Westfalen. (SKV,1958, H.10, S.225-227)

Unternehmen "Pappscheibe".(Betr.Parkuhren).(IKPR, 1958,H.118,S.138-149)

Partsch,K.J.: "Selfgovernment" und "Local Government". (SKV,1958, H.10, S.219-224)

Petersen,G.: Zur Auslegung des § 106 des Allgemeinen Kriegsfolgengesetzes. (MDR, 1958, H.11, S.810-815)

Petrén,G.: Die Aktenöffentlichkeit in Schweden. (Verw.Arch, 1958, H.4, S.323-333)

Reschke,H.: Verwaltungsreform in Baden-Württemberg? (DVBl.,1958, H.19/20, S.676-683)

Reuscher,F.: Verwaltungsbeamte als Verwaltungsrichter. (DVBl.,1958, H.22, S.780-783) 9

Reuß,H.: Grundfragen des Wirtschaftsverwaltungsrechts. (DVBl.,1958, H.19/20, S.683-686) 12

Sicot,M.: Monako und seine Polizei. (IKPR, 1958, H.119, S.182-187) 4

Stiefken,H.: Das Anliegerbeitragsrecht im neuen Gewande? (SKV,1958, H.10, S.224-225)

Totzek,W.: Gebühren und Auslagen. (DÖV,1958, H.29-30, S.764-768)

Ule,C.H.: Zur Vereinheitlichung der gerichtlichen Verfahrensordnungen. (DVBl.,1958, H.19/20, S.691-699)

Weimar,R.: Zur Rechtsbeständigkeit von Überzahlungen im Beamtenversorgungsrecht. (SKV, 1958, H.11, S.244-247) 10

Wertenbruch,W.: Registereintragungen der freiwilligen Gerichtsbarkeit als Verwaltungsakte. (DÖV, 1958, H.28, S.732-736) 15

Witten,E.: Subventionen in der Rechtsprechung. (DVBl.,1958, H.19/20, S.699-701) 12

Zimmermann,G.: Das neue Berliner Ausführungsgesetz zum RJWG.(T.1.2.) (Zbl.JugR, 1958, H.9,S.213-223; H.10,S.255-257)

6.Finanz-,Steuer-u.Preisrecht (einschließlich Finanzgerichtsverfahren)

Bode,H.J.: Die Zuständigkeit des Steuer-Amtsgerichts. (NJW, 1958, H.47, S.1910-1912) 9

Debatin,H.;H.Vogel: Anforderungen und Grenzen der steuerlichen Nachweispflicht bei ausländischen Unternehmen und Auslandsbeziehungen. (Aussw.D.BB, 1958, H.10, S.202-206) 3

Elmerich,E.: "Neuordnung der Finanzpolitik". (Z.St.soz.,1958,H.3, S.17-19)

Fasold: Steuerbegünstigte Übergangsregelung bei verschmelzenden Umwandlungen. (BB, 1958, H.30, S.1092-1093)

Friedrich,W.: Aus der Rechtsprechung des Bundesfinanzhofes im Jahre 1957. (NJW, 1958, H.47,S.1897-1901)

Fromm,G.: Bindet die vorübergehende Standortfestlegung im Güterkraftverkehr die Finanzbehörden und Finanzgerichte? (B,1958,H.40, S.1109-1111)

Görbing: Die Steuerbelastung der berufstätigen Ehegatten nach dem neuen Lohnsteuertarif. (BB,1958, H.28, S.1019-1020)

Heßler,W.: Lohnsteuer- und Kirchensteuer-Jahresausgleich 1958. (B, 1958, H.47,(Beil. Nr.9), S.1-4)

Hinst,B.: Dritter und vierter Tätigkeitsbericht des Brüsseler Zoll-Rates. (Aussw.D.BB, 1958, H.10, S.200-202) 3

Just; Brückner: Wertermittlung von Grundstücken. (NJW, 1958, H.44, S.1756-1761)

Kühn,R.: Die Umsatzsteuer als Wirtschaftsgut? (BB,1958, H.28, S.1016-1018)

Längsfeld, H.: Gewinne aus der Veräußerung von Bodenschätzung nach Streichung des § 17 a EStG. (B, 1958,H.42, S.1165-1167)

Maassen: Pensionsanwartschaften in der Einheitsbewertung.(BB,1958, H.31, S.1124-1127) 17

Mattern,G.: Rechtsprechung zum Steuerrecht. (JZ, 1958,H.22,S.694-696)

Moezer,H.: Die Haftung der Betriebe im Vollzug der Gewerbesteuerausgleichsbestimmungen. (NJW, 1958, H.43, S.1712-1715)

Niederlande:Staatsdefizit, freiere Preise und vorsichtige Arbeitszeitpolitik. (AG, 1958,H.22, S.696) 16

Paulick,H.: Die Neuregelung der Ehegattenbesteuerung auf Grund des Gesetzes vom 18.7.1958. (FamRZ, 1958, H.10, S.361-363) 14

Risse,H.: Zweifelsfragen im Zusammenhang mit der steuerlichen Behandlung von Ausgleichsansprüchen der Handelsvertreter.(BB,1958, H.30, S.1089-1091)

Rubarth,W.: Übersicht über die geltenden Preisvorschriften.(BB,1958, H.32, S.1141-1146)

Schindele,W.: Zum Begriff der steuerlichen Anschaffungs-und Herstellungskosten unter besonderer Berücksichtigung der Fertigungsgemeinkosten. (BB, 1958, H.29, S.1029-1034)

Schirm,M.: Das Betriebsvermögen bei der Ermittlung des Veräußerungserfolgs nach § 16 Abs.2 EStG. (B,1958,H.43, S.1193-1194)

Schmidt,W.: Kostenorientierte Preisbildung? (Gew.Mon.H.,1958, H.10, S.610-615)

Schultze-Schlutius,H.G.: Zur Frage der ertragsteuerlichen Behandlung von Gewerbesteuer und Umsatzsteuer im Falle der Organschaft ohne Ergebnisausschluß. (B, 1958, H.41, S.1137-1140)

Schulze,W.: Sind Säumniszuschläge abzugsfähig? (B, 1958,H.43,S.1194-1196)

Waldner,W.: Wirtschaftsgut und Rechnungsabgrenzung. (BB,1958,H.29, S.1051-1055)

Wauer,G.: Umsatzsteuerliche Behandlung privater Entnahmen.(BB,1958, H.30, S.1091-1092)

Zweig,G.;H.Rugo: Vergleich der Lohn- und der Einkommensteuerverhältnisse der Arbeiter im Saargebiet und im übrigen Bundesgebiet. (AG, 1958, H.22, S.692-695)

7.Strafrecht, Strafprozeß

Bamberger,H.: Zulässigkeit und Strafbarkeit der körperlichen Züchtigung in Österreich. (RdJ, 1958,H.21, S.327-329)

Becker,W.u.a.: Noch einmal: Grundsätzliches zum praktischen Jugendstrafrecht. (RdJ, 1958,H.22, S.339-347)

Bedel,Ch.: Der Schutz gegen tödliche Arzneien.(IKPR, 1958,H.121, S.232-238) 5

Bemmann,G.: Zum Fall Rose - Rosahl.(Betr.Irrtum-Anstiftung).(MDR, 1958, H.11, S.817-822)

Beniot,J.: Gewerbsmäßige Unzucht und Kuppelei in der Schweiz.(T.2). (IKPR, 1958, H.118, S.130-135)

Böning,W.: Die Unterbringung von psychisch Kranken und Süchtigen in Schleswig-Holstein.(T.2.3.).(SchlHA, 1958, H.10,S.280-284) H.11, S.299-306)

Brauneck,A.E.: Zum Schuldstrafrecht des neuesten Entwurfs eines Strafgesetzbuches. (Mschr Krim, 1958, H.5/6, S.129-146)

Bruns,H.J.: Richterliche Überzeugung bei "Prognose-Entscheidungen" über Sicherungsmaßregeln. (JZ, 1958, H.21, S.647-653)

Bschor,F.: Notzuchtstäter und Sicherungsprobleme. (Mschr Krim,1958, H.5/6, S.146-163)

Catsantonis,A.E.: Griechenland 1953 - 1957. (ZStr.,1958,Bd 70, H.3, (Beil.), S.161-165)

Desage,R.: Zur Frage der äußeren krimogenen Faktoren.(IKPR, 1958, H.118, S.150-154)

Dreher,E.: Die elfte Arbeitstagung der Großen Strafrechtskommission, 2.bis 8.Dezember 1956. (ZStr.,1958, Bd 70, H.3,S.433-459)

Esser:Die Bedeutung des Schuldteilnahmebegriffs im Strafrechtssystem. (GAStr.,1958, H.11, S.321-333)

Fratzscher,A.: Der Jugendstrafvollzug. (SchlHA, 1958,H.6, S.149-153)

Galy,G.: Die Formen der Rückfälligkeit und ihre Entwicklung.(IKPR, 1958, H.120, S.194-200)

Geppert,O.: Strafverteidigung und Parteiverrat. (NJW, 1958, H.48, S.1959-1960)

Gilsdorf,P.: Die verfassungsrechtlichen Schranken der Einziehung. (T.1.2.).(JZ, 1958, H.21, S.641-647; H.22, S.685-691) 4

Grünwald,G.: Zur gesetzlichen Regelung der unechten Unterlassungsdelikte. (ZStr.,1958, Bd 70,H.3, S.412-432)

Grunau,Th.: Rechtsstaatliche Kontrolle des Strafvollzuges.(ZStr., 1958, Bd 70,H.3, (Beil.),S.125-140)

Händel,K.: Sittlichkeitsverbrechen an Kindern im Spiegel der Kriminalstatistik. (RdJ, 1958, H.20, S.309-310)

Heldmann,H.: Die Homusexualität im englischen Strafrecht.(ZStr.,1958, Bd 70, H.3, (Beil.),S.141-160)

Hellmer,J.: Kriminalpolitik und Sittenstrafrecht.(ZStr.,1958, Bd 70, H.3,S.360-393)

Hiendl,H.: Welchen Rechtsbehelf hat der Verurteilte, wenn das Gericht es in den Urteilsgründen ablehnt, die Nichteintragung in die Verkehrssünderkartei anzuordnen? (NJW, 1958,H.48, S.1958-1959)

Jäger,H.: Todesstrafe und öffentliche Meinung. (Krim.,1958, H.10, S.393-395) 1

Jagusch: Zur "Treupflicht" des fremden Nachrichtenagenten (§§ 100, 100e StGB). (MDR, 1958, H.11, S.829-830)

Jescheck,H.H.: Die Entschädigung des Verletzten nach deutschem Strafrecht. (JZ, 1958, H.19/20, S.591-595)

Küster,O.: Zum Wesen der strafrechtlichen Kompensation.(NJW,1958, H.42, S.1659-1661)

Maihofer,W.: Der Versuch der Unterlassung. (GAStr.,1958, H.10, S. 289-298)

May,E.: Zum Begriff der Unzüchtigkeit in § 184 StGB. (NJW,1958, H.41, S.1621-1622)

Müller,H.L.: Straflose Teilnahme des Vortäters an der Begünstigung? (GAStr.,1958, H.11, S.334-340)

Müller,W.: Streitfragen aus dem Rechte des Jugendstrafverfahrens. (RdJ, 1958, H.22, S.337-339)

Munkwitz,W.: Die Aufgaben einer kinder- und jugend-psychiatrischen Klinik für die Sozialpädagogik und Jugendstrafrechtspflege. (Zbl.JugR, 1958, H.10, S.245-248)

Niese,W.: Das Steuerstrafverfahren. (ZStr.,1958, Bd 70,H.3,S.338-359) 6

Pelle,L.: Kindesmißhandlungen - immer wieder! (Zbl.JugR,1958, H.10, S.249-255)

Pentz,A.: Ist die Auflage, den Anweisungen eines Bewährungshelfers zu folgen, zulässig? (NJW, 1958, H.44, S.1768-1769)

Pentz,A.: Zweifelsfragen im Strafverfahren gegen Jugendliche.(GAStr., 1958, H.10, S.299-304)

Wichtige Entscheidungen über den illegalen Rauschgifthandel.(IKPR, 1958, H.120, S.215-218)

Redhardt,R.: Strafaussetzung zur Bewährung und ärztliche Behandlung als Bewährungsauflage. (Mschr Krim, 1958, H.5/6,S.164-181)

Roesen,A.: Reform des § 153 StPO. (NJW, 1958,H.45, S.1814-1816)

Schmid,R.: Der Streit um die Todesstrafe. (Gew.Mon.H.,1958, H.11, S.660-669)

Schmidt,E.: Die Verletzung der Belehrungspflicht gemäß § 55 II StPO als Revisionsgrund. (JZ, 1958, H.19/20, S.596-601)

Schweikert,H.: Strafrechtliche Haftung für riskantes Verhalten? (ZStr.,1958, Bd 70,H.3, S.394-411)

Seeler, H.J.: Beihilfe zum Selbstmord - unterlassene Hilfeleistung? (NJW, 1958, H.46,S.1860-1861)

Seibert,C.: Schwerer Diebstahl und Mundraub. (NJW, 1958,H.43,S.1718-1719)

Seibert,C.: Gedanken zur unzüchtigen Handlung. (MDR, 1958, H.11, S.830-831)

Ulrich: Die Abgabe des Jugendgerichtsverfahren bei einem Aufenthaltswechsel des Angeklagten. (DRiZ, 1958, H.11, S.315-317)

Voss:Strafverfolgung, Staatsanwaltschaft und Strafvollzug.(SchlHA, 1958, H.10, S.267-276)

Willms,G.: Verfassungsfeindliche Schriften. (JZ,1958, H.19/20,S.601-604)

4

Wyl,H.E.de: Der Vollzug der Untersuchungshaft bei Jugendlichen und Heranwachsenden. (T.1.2.).(RdJ,. 1958,H.21,S.329-332; H.22,S.347-351)

Wyl,H.E.de: Die Wirkungen der Untersuchungshaft bei Jugendlichen und Heranwachsenden. (RdJ, 1958,H.20, S.305-308)

Zierz,A.; Dahs: Vorbeugende Verwahrung nach § 91 des StGB-Entwurfs. (NJW, 1958,H.46, S.1861-1863)

8.Kriminalistik,Gerichtliche Medizin, Gerichtspsychiatrie,-psychologie

Abele,G.: Die Geschwindigkeitsleistung des Kraftfahrers unter Alkoholeinfluß. (Dtsch.Z.gerichtl.Med.,1958, Bd 47,H.3,S.447-461)

Abele,G.: Die Gleichmäßigkeitsleistung des Kraftfahrers unter Alkoholeinfluß. (Dtsch.Z.gerichtl.Med.,1958, Bd 47,H.3,S.462-471)

Claessens,P.B.: Polizei und Fernsehen. (Krim.,1958, H.10,S.402-406)

Deb,R.: Wie soll man Verdächtige vernehmen? (IKPR, 1958,H.121, S.239-248)

Dieckhoff,A.D.: Die Helenenstraße in Bremen.(Betr.Prostitution). (Krim.,1958, H.11, S.462-463)

Dost,P.: Porträtmäßiges Sehen und Beschreiben. (Krim.,1958,H.10, S.412-415)

Dvorak,A.: Zur Frage der Beweiskraft individueller Merkmale.(Betr. Urkundenfälschung).(Arch.f.Krim.,1958, Bd 122,H.3 u.4,S.90-100)

Frei-Sulzer,M.: Die Mikrobiologie in der Kriminaltechnik.(Krim., 1958, H.11, S.452-454)

Hadersdorfer: Ist die Identifizierung von Geschossen und Hülsen - gefährdet? (Arch.f.Krim.,1958, Bd 122,H.3 u.4, S.101-106)

Heinrich: Vergiftungen durch gasbeheizte Wasserheizer.(Krim.,1958, H.11, S.464-466)

Hentig,H.von.: Zertreten und Zertrampeln, eine primäre Tötungsart. (Krim.,1958, H.10, S.396-398)

Hilton,O.: Der Beweis für die Echtheit eines Schriftstücks.(Krim., 1958, H.11, S.459-462)

Höllrich,K.: Das schlechte Gewissen des Verbrechers. (Krim.,1958, H.10, S.415-416)

Iliakis,K.;D.Rovithis;A.Hatzijanni: Periarteritis nodosa im Säuglingsalter von 15 Tagen. (Dtsch.Z.gerichtl.Med.,1958,Bd 47,H.3,S.480-483)

Illchmann-Christ,A.;Nagel,V.:Experimentelle Untersuchungen zur vegetativ-pharmakologischen Beeinflussung der Immun-Hämagglutinine. (Dtsch.Z.gerichtl.Med.,1958, Bd 47, H.3, S.432-441)

Jolly,R.L.: Daktyloskopie und Brände. (IKPR, 1958, H.119,S.173-175)

Klebelsberg,D.von.: Die Psychologie im Dienste der Verkehrssicherheit.(T.2.).(Krim.,1958, H.10, S.406-408)

Kutschera,W.: Simulation oder Selbstbeschädigungen in der Haft. (Arch.f.Krim.,1958,Bd 122,H.3 u.4, S.126-132)

Legrün,A.: Schriftstörungen knapp vor dem Tod. (Krim.,1958, H.11, S.454-455)

Mueller,B.: Mord oder Selbstmord durch Stich? (Arch.f.Krim.,1958, Bd 122, H.3/4, S.107-121)

Neugebauer,W.: Kontrastmittelschädigungen. (Dtsch.Z.gerichtl.Med., 1958, Bd 47, H.3,S.472-479)

Pettersohn,F.: Nebennierenveränderungen und deren Deutung beim plötzlichen Tod aus natürlicher Ursache. (Dtsch.Z.gerichtl.Med., 1958, Bd 47, H.3, S.417-427)

Prokop,O.;W.Schneider: Vergleich der rechnerischen Wahrscheinlichkeit einer Vaterschaft auf Grund der Blutgruppenmerkmale mit dem Urteil des erbbiologischen Gutachtens dargestellt an 165 Fällen. (Dtsch.Z.gerichtl.Med.,1958, Bd 47,H.3, S.484-501)

Schleyer,F.: Geschlechtsbestimmung mittels des Index acetabulo-ischiadicus. (Dtsch.Z.gerichtl.Med.,1958,Bd 47, H.3,S.442-446)

Thiele,R.: Psychologie der Fahrerflucht. (IKPR, 1958,H.121,S.226-228)

Weinig,E.: Die Nachweisbarkeit von Giften in exhumierten Leichen. (Dtsch.Z.gerichtl.Med.,1958, Bd 47,H.3, S.397-416)

Zimmermann,H.: Was ist der Polygraph? (Krim.,1958, H.11,S.435-439)

9.Gerichtsverfassung(einschließlich Justizverwaltung, Staatsanwaltschaft,Notariat und Anwaltschaft)

Goetzeler, R.: Zur Frage der Zuständigkeit nach Art.19 IV GG in Steuerstrafsachen. (JZ, 1958,H.19/20, S.607-609) 6,7

Kern,E.: Über die Mitwirkung von Richtern bei der Berufung von Richtern. (DRiZ, 1958,H.11, S.301-304)

Monjau: Entwurf eines Deutschen Richtergesetzes. (RdA, 1958,H.11, S.417-419)

Zum Entwurf eines deutschen Richtergesetzes. (DRiZ, 1958, H.11,S. 299-301)

Ruscheweyh,H.: Gedanken zum Rechtsweg in Justizverwaltungsangelegenheiten. (DVBl.,1958,H.19/20, S.686-691) 5

Schmidt,E.: Zur Auslegung des § 136 GVG. (MDR, 1958,H.11, S.815-817)

Schorn: Dienstaufsichtsfragen. (DRiZ, 1958, H.11, S.314-315)

Schumacher: Das Beamtenrechtsrahmengesetz und der Rechtsweg für Streitigkeiten aus dem Dienstverhältnis der Richter.(DRiZ, 1958, H.11, S.304-306) 5

Schwenk,E.H.: Exterritorialität ausländischer Staaten. (MDR, 1958, H.11, S.805-810) 3

Stauf,H.: Ein reformbedürftiger Strafenkatalog. (Betr.Bundesrechtsanwaltsordnung).(NJW, 1958,H.42, S.1657-1659)

10.Zivilrecht

Baumgärtel,G.: Der Einfluß von Zustimmungserfordernissen auf die Abtretbarkeit einer Forderung. (JZ, 1958, H.21, S.654-656)

Brandner,E.: Fragen des Versicherungsschutzes in der Kraftfahr-Haftpflichtversicherung. (BB,1958, H.31, S.1112-1115)

Bruness,M.: Teilzahlungsgeschäfte und andere Geschäfte mit Wehrpflichtigen. (BB, 1958, H.29, S.1042-1044)

Dunz,W.: Der merkantile Minderwert. (NJW, 1958, H.41, S.1613-1615)

Ehrenschutz und öffentliches Interesse. (ZV u.ZV, 1958,H.21,S.1042-1043) 7

Grube,A.: Kein Verwendungsanspruch des Werkunternehmers gegen den Sicherungs-Eigentümer bei rechtmäßigem Besitz des Bestellers. (TW, 1958,H.6, S.181-184)

Immisch,G.: Die Bedeutung der belgischen Teilzahlungswirtschaft - statistisch beleuchtet. (TW, 1958,H.6, S.190-191)

Klauss,H.: Auskunftspflicht gegenüber dem Lieferanten? (TW, 1958, H.6, S.179-180)

Kluthe,H.A.: Die öffentliche Aufgabe der Presse und der Persönlichkeitsschutz. (ZV u.ZV, 1958,H.21, S.1017-1019)

Kremer,N.: Grundeigentum und Bergschaden. (NJW, 1958,H.44, S.1765-1767)

Mückenberger: Der verlängerte Eigentumsvorbehalt in der Krise.(NJW, 1958, H.44, S.1753-1756)

Nef,M.: Der Persönlichkeits- und Ehrenschutz nach schweizerischem Recht. (ZV u.ZV, 1958, H.22, S.1073-1076)

Nordalm: Zur Zweckbindung von Wohnungen als Werkwohnraum bei Arbeitsverhältnissen mit landw.Tagelöhnern. (ZMR, 1958, H.11,S.311-312)

Peters,H.: Wann ist eine Wohnung ohne Einsatz öffentlicher Mittel - geschaffen? (ZMR, 1958, H.11,S.309-311) 6

Rahn: Wertpapierfunktionen. (SKV, 1958, H.11,S.249-251)

Raiser, L.: Verwendungsansprüche des Werkunternehmers. (JZ, 1958, H.22, S.681-685)

Rasehorn,Th.: Die Betriebsgefahr, eine Fehlkonstruktion bei der Ermittlung der Ausgleichsansprüche infolge Schadens durch mehrere Kraftfahrzeuge. (NJW, 1958, H.48, S.1950-1954)

Reithmann,C.: Das eheliche Güterrecht bei Flüchtlingen.(DNotZ,1958, H.10, S.512-531)

Roquette,H.: Erhöhungsklauseln statt Wertsicherungsklauseln in Mietverträgen. (NJW, 1958,H.46, S.1857-1859)

Scheying,R.: Leistungskondiktion und Bereicherung "in sonstiger Weise". (AcP, 1958, Bd 157,H.4, S.371-390)

Schneider,E.: Die Aufrechnung gegen rechtshängige Teilforderungen. (MDR, 1958, H.11, S.823-824)

Schönfeld,E.: Stiftung und Gemeinde. (SKV, 1958,H.11, S.252-255) 5

Weber,H.: Verdingungs-Ordnung für Bauleistungen (VOB) und BGB. (NJW, 1958,H.43, S.1710-1712) 5

Wilckens,U.: Ist der Rückgriff des Bestohlenen auf den Veräußerungserlös notwendig endgültiger Verzicht auf das Eigentum? (AcP, 1958, Bd 157, H.4,S.399-409)

Wörbelbauer,H.: Die verhinderte Eigentümergrundschuld.(NJW,1958, H.43, S.1705-1710) 15

Wohnstätten an Rhein und Ruhr.- Rund um den Wohnungsbau.(AG, 1958, H.22, S.679-681)

Zippelius,R.: Die Rechtswidrigkeit von Handlung und Erfolg.(AcP, 1958, Bd 157, H.4, S.390-398)

11.Urheber-und Erfinderrecht

Cigoj,S.: Das neue jugoslawische Urheberrecht. (UFITA, 1958,Bd 26, H.3/4, S.186-209)

Dittrich,R.: Der Schutz der veröffentlichten Entscheidung nach österreichischen Urheberrecht. (UFITA, 1958, Bd 26, H.3/4, S.210-216)

Hauser,K.: Das deutsche Sonderrecht für Erfinder in privaten und öffentlichen Diensten. (Betr.Verf.,1958, H.9, S.168-175) 16

Heydt,L.: Gleichzeitige Benutzung derselben Marke durch mehrere Personen und Marken von Inhabern ohne Geschäftsbetrieb. (GRUR Ausl., 1958, H.10, S.457-464) 7

Kellermann,A.: Die gewerblichen Schutzrechte im Gesetz gegen Wettbewerbsbeschränkungen. (T.1).(WuW, 1958,H.11, S.643-657) 12

Knap,K.: Zum Problem der rechtstheoretischen Fundierung des Urheberrechts. (UFITA, 1958,Bd 26, H.3/4, S.158-171)

Löffler,M.;H.Glaser: Grenzen der Zitierfreiheit. (GRUR, 1958, H.10, S.477-480)

Marc,P.: Die Entwicklung des Urheberrechts in Jugoslawien. (UFITA, 1958, Bd 26, H.3/4, S.172-186)

Mentha, B.: Internationales Urheberrecht. (UFITA,1958, Bd 26,H.3/4, S.146-158)

Munzinger,H.: Rückwirkungen des "telle quelle"- Prinzips auf das nationale Markenrecht. (GRUR Ausl.,1958, H.10, S.464-468) 3

Osten, H.von der: Geheimhaltungsbedürftige Patentanmeldungen Privater. (GRUR, 1958, H.10, S.465-474)

Arbeiten der Internationalen Handelskammer auf dem Gebiet des internationalen gewerblichen Rechtsschutzes. (GRUR Ausl.,1958, H.10, S.469-471) 3

Schirm:Gebrauchsmusterschutzfähigkeit von unbeweglichen Sachen. (GRUR, 1958, H.10, S.474-476)

Schramm,C.: Pfändung und Sequestration ausländischer Patente.(GRUR, 1958, H.10, S.480-483)

Wendel,W.: Zur Neuregelung des Rechts der Arbeitnehmererfinder. (ArbuR, 1958, H.10, S.297-303)

12.Handelsrecht,Wertpapierrecht,Kartell-und Wettbewerbsrecht

Der Referentenentwurf für ein neues Aktiengesetz. (AG, 1958, H.22, S.688-691)

Boesebeck,E.: Gefährdung von Gesellschaftsverträgen durch Zugewinngemeinschaft. (B,1958, H.41, S.1147-1149) 14

Bühring,D.: Der Einsatz von Laien als Werber unter Gewährung einer Werbeprämie. (WRP, 1958, H.11, S.321-324)

Christl A.: Das Leistungsentgelt im kumulativen Gesamtumsatzrabattkartell. (BB,1958, H.2, S.993-1000) 6

Cremer,E.: Ansprüche des Inhabers eines Reitwechsels gegen den Akzeptvermittler. (BB, 1958, H.30, S.1082-1083)

Deringer,A.: Fünf Jahre Wettbewerb im Gemeinsamen Markt für Kohle und Stahl. (WuW,1958, H.10, S.614-621) 3

Dichgans,H.: Zum Begriff des "Mißbrauchs" im Gesetz gegen Wettbewerbsbeschränkungen. (WuW, 1958, H.11, S.658-661)

Dörinkel, W.: Gütezeichen und Kartellrecht. (WuW, 1958, H.10, S.565-570)

Duden,K.: Zum Referentenentwurf eines neuen Aktiengesetzes.(BB,1958, H.31, S.1101-1104)

Eckardt: Vorstand und Aufsichtsrat nach dem Referentenentwurf eines Aktiengesetzes. (NJW, 1958, H.48, S.1945-1950)

Fischer,C.E.: Die "Grundrechte" für den Einzelaktionär und für Minderheiten. (B,1958, H.45, S.1263-1266)

Full,W.: Formwechselnde Umwandlung aufgelöster berrechtlicher Gewerkschaften. (DNotZ, 1958, H.11,S.570-573) 16

Gast,B.: Zur teilweisen Durchstreichung von Indossamenten. (NJW, 1958, H.41, S.1620-1621)

Grossart,H.: Amerikanische Vermägenskontrolle und deutsche Ursprungszeugnisse. (Aussw.D.BB, 1958, H.10, S.206-208) 3

Hirsche,K.: Volksaktie und Eigentumsbildung. (Gew.Mon.H.,1958,H.10, S.577-581)

Hoth, J.: Inhalt, Sinn und Zweck des § 38 Absatz 2 Satz 2 GWB. (WRP, 1958, H.10, S.289-299)

Jacob-Steinorth, K.: Darf in den USA die Herstellermarke von preisgebundenen Waren entfernt werden? (WRP, 1958, H.11, S.332-333)

Zum deutschen Kapitalexport.(AG, 1958, H.20, S.602-604)

Koehler,W.: Der Gewinnanspruch des Aktionärs. (JZ, 1958, H.19/20, S.604-607)

Lappe, F.: Kosten in Kartellsachen. (BB, 1958, H.29, S.1037-1042) 5

Loos,G.: In welchem Verfahren wird über die kartellrechtliche Zulässigkeit von vertikalen Preisbindungen (§ 16 GWB) entschieden? (NJW, 1958, H.47, S.1901-1905)

Lutz,H.;C.Steiner: Umfang der Preisbindung und Diskreminierungsverbot. (BB,1958, H.32, S.1154-1157)

Mitic,M.: Neues Kartellrecht in Österreich. (Mbl.freiheitl.Wipol., 1958, H.11, S.667-671)

Müller,H.: Erneuter Vorstoß zur Änderung der Zugabe-Verordnung. (WRP, 1958, H.11, S.325-326)

Paul,W.: Über die Pflicht, sittenwidrige Finanzwechsel einzulösen. (NJW, 1958, H.47, S.1905-1907)

Paul,W.: Die wirtschaftliche Preisbindung - Ein Ersatz für die Preisempfehlung? (B,1958, H.41, S.1149-1151)

Paul,W.: Preisempfehlung und wirtschaftliche Preisbindung.(B,1958, H.47, S.1319-1323)

Pinder,W.: Grundsatzfragen des neuen Bundesrechtes für Exportkartelle. (WuW, 1958,H.10, S.570-585)

Reimann,G.: Der Bundesgerichtshof und die Anmeldung der Empfehlung von Wiederverkaufspreisen bei Markenwaren. (BB, 1958, H.31, S.1115-1117)

Schandalik,F.;R.Fasold: Eine entscheidende Wendung der Rechtsprechung über "Einmann-Gesellschaften"? (BB, 1958, H.32,S.1164-1168) 6

Scharrenbroich,W.: Neue Ergebnisse zum Handelsvertreterrecht. (ZV u.ZV, 1958, H.19, S.945-948)

Scholten, S.: Betriebsgrößen im Handwerk. (WuW, 1958, H.10,S.586-588)

Schütz,W.: Mißbrauch von Machtstellungen.(NJW,1958, H.46,S.1849-1851)

Siebert,W.: Die faktische Innengesellschaft. (BB,1958, H.30,S.1065-1070)

Sölter,A.: Das Gesamtumsatzrabattkartell.(T.1.2.).(B, 1958, H.42, S.1175-1180; H.43, S.1204-1209)

Strickstrock:Das öffentliche Sachenrecht. (B, 1958, H.40, S.1118-1123)

Thiel,R.: Die Gewinnverwirklichung bei gesellschaftsrechtlichen Vorgängen. (B, 1958, H.46, S.1281-1284) 6

Völp,F.: Kartellrechtliche Konsequenzen aus dem BGH-Urteil über Preisempfehlungen. (WRP, 1958, H.11, S.326-331)

13.Landwirtschaftsrecht

Leibold,H.: Die Rechtsnatur der Zuckerrüben-Anbau-und Lieferverträge. (RdL, 1958, H.10, S.253-254)

Wöhrmann: Der Ausgleichsanspruch nach § 13 HöfO.bei Teilveräußerungen. (RdL, 1958, H.10, S.255-258)

14.Familienrecht

Bade: Auswirkungen des Gleichberechtigungsgesetzes (§§ 1365,1369) für die Übergangszeit und bei Änderung des Personenstandes zwischen Verpflichtungs- und Verfügungsgeschäft. (NJW, 1958, H.48,S.1957-1958)

Döring: Schlüsselgewalt und Arzthonorar. (FamRZ, 1958, H.10,S.358-361)

Finke, F.J.: Zum neuen Entwurf eines Gesetzes zur Vereinheitlichung und Änderung familienrechtlicher Vorschriften (Familienrechtsänderungsgesetz).(T.1.2.)(FamRZ,1958,H.10,S.353-358;H.11,S.405-410)

Kleinheyer,G.: Das Verhältnis von Unterhaltsbeihilfen und Familienförderung zur gesetzlichen Unterhaltspflicht.(FamRZ, 1958, H.11, S.402-405)

Nicken,H.: Die Haushaltvernachlässigung als Scheidungsgrund. (SchlHA, 1958, H.6, S.155-157)

Schuler: Der Sonderkurs des ehelichen Gesamtgutes. (NJW, 1958, H. 41, S.1609-1613) 15

Thiele, W.: Die Nahtstellen von Erbrecht und Güterrecht in der Zugewinngemeinschaft. (FamRZ, 1958,H.11, S.393-398) 10

Utz, A.F.: Zum sog.Entscheidungsrecht des Mannes. (FamRZ, 1958, H. 11, S.411-414)

Wägenbaur,R.: Zur Frage der vermögensrechtlichen Ansprüche des mitarbeitenden Ehegatten. (FamRZ, 1958, H.11, S.398-402) 6

Webler,H.: Diskreminierte Mütter? (Betr.Elterl.Gewalt).(Zbl.JugR, 1958, H.9, S.223-227)

15.Zivilprozeß und Freiwillige Gerichtsbarkeit

Ackermann,K.: Zum Geschäftswert bei Erbbauverträgen. (DNotZ, 1958, H.10, S.506-511)

Bosch, F.W.: Der gesetzliche Vertreter des minderjährigen ehelichen Kindes in dessen Unterhaltsprozeß. (NJW, 1958, H.48, S.1954-1956)

Busse,A.: Ist die Pfändung eines zukünftigen Anteils an dem Versteigerungserlös eines Grundstückes möglich? (MDR, 1958, H.11,S.825-826)

Demelius,H.: Berichtigungsklage und Löschungsklage. (AcP,1958,Bd 157, H.4, S.361-371) 10

Deutsch,E.: Die Anerkennung ausländischer Urteile in den Staaten der USA. (ZZP, 1958, Bd 71, H.5/6, S.321-339) 3,4

Fleischmann,C.G.;H.Mein: Die Anfechtbarkeit einstweiliger Anordnungen. (DRiZ, 1958, H.11, S.310-312)

Hense:Die Kürzung und Umwandlung von Grundstücksvermächtnissen im Genehmigungsverfahren. (DNotZ, 1958, H.11, S.562-570)

Hiss,K.: Einiges über den Unterhaltsprozeß eines außerehelichen dänischen Kindes gegen einen Deutschen. (SchlHA,1958, H.6,S.153-155)

Jauernig,O.: Prozeßbeendigung durch außergerichtlichen Vergleich? (JZ, 1958, H.21, S.657-658)

Kissel,R.: Einstweilige Verfügung und ordentlicher Rechtsstreit in Unterhaltssachen. (NJW, 1958, H.43, S.1717-1718)

Lehmann,J.: Zur Frage der Berufung gegen Versäumnisurteile.(JZ,1958, H.22, S.691-692)

Müller-Tochtermann: Die Erledigung des Rechtsstreits nach Erledigung der Hauptsache. (NJW, 1958, H.44, S.1761-1764)

Münzel,K.: Vollstreckung im Arrestverfahren und im Urkunden- und Wechselprozeß. (NJW, 1958, H.41, S.1615-1618)

Prahl,W.: Rechtsstellung der Mutter im Unterhaltsprozeß des Kindes. (NJW, 1958, H.43, S.1715-1716)

Prost,G.: Die Pfändung und zwangsweise Verwertung von Schecks im Inlandverkehr. (NJW, 1958, H.41, S.1618-1620) 12

Riechert: Das Versäumnisurteil und das Urteil nach Lage der Akten im Ehescheidungsrechtsstreit. (ZZP, 1958, Bd 71,H.5/6,S.339-353)

Schilling,H.: Auflassungsvormerkung bei formnichtigen Grundstückskauf. (DNotZ, 1958, H.11, S.573-576)

16.Arbeitsrecht und Arbeitsgerichtliches Verfahren

Anrod,Ch.W.: Das Streikrecht in den Vereinigten Staaten.(RdA, 1958, H.10, S.373-379) 4

Blank,G.: Die Erstattung von Reisekosten eines auswärtigen Rechtsanwalts in Verfahren vor dem Bundesarbeitsgericht. (ArbuR, 1958, H.10, S.307-308)

Bötticher,E.: Gesetzgebungskompetenz der Länder auf dem Gebiete des Arbeitsvertragsrechts. (RdA, 1958, H.10, S.361-366) 4

Bremer,R.: Kinderarbeit auf dem Lande. (AG, 1958, H.20,S.619-620)

Dachselt, M.: Frühinvalidität und betriebliche Sozialpolitik. (AG, 1958, H.22, S.686-688) 17

Depenbrock,J.: Die revisionsrechtlichen Begriffe "grundsätzliche Bedeutung der Rechtsfrage" und "grundsätzliche Bedeutung der Rechtssache". (RdA, 1958, H.11, S.407-408)

Diekhoff,L.: Abtretungsverbot durch Betriebsvereinbarung?(ArbuR, 1958,H.10, S.304-305)

Diekhoff,L.: Die Rückwirkung von Tarifverträgen. (B, 1958,H.44, S. 1244-1247)

Frey,E.: Können Kündigungen Kampfmaßnahmen sein? (ArbuR, 1958,H.11, S.341-343)

Frey,E.: Rechtsprobleme der Fünftagewoche. (BB,1958, H.32, S.1172-1175)

Frey,E.: Tarifvertragliche Verweisung auf andere künftige Tarifverträge. (ArbuR, 1958,H.10,S.306-307)

Frey,E.: Die Zulässigkeit einer Änderungskündigung gegenüber Betriebsratsmitgliedern, Schwerbeschädigten und Müttern.(Betr.Verf.,1958, H.8,S.151-159)

Frisch,A.: Europäische Gewerkschaftskrise? (AG,1958,H.21,S.658-660)

Arbeitgeber und Gewerkschaften in Finnland. (AG, 1958, H.22, S.682-684)

Die US-Gewerkschaften nach den Wahlen. (AG, 1958, H.22, S.684)

Göke: Wann ist ein die bedingte Entlassung anordnender Beschluß zu vollziehen? (NJW, 1958, H.42, S.1670-1672)

Göttlicher, E.: Lohnpolitik in den Niederlanden. (Gew.Mon.H., 1958, H.10, S.615-622)

Gramm, H.: Streitwert- und Kostenprobleme im Kündigungsschutzprozeß. (ArbuR, 1958, H.11, S.331-336)

Haberkorn: Zur sozialen Auswahl nach § 1 Abs.3 KSchG - Phänomen der Selbstaufopferung. (Betr.Verf., 1958, H.8, S.141-151)

Hamann, A.: Die Freiheit der Berufswahl. (NJW, 1958, H.45, S.1801-1805)

4

Hankel, W.; G.Zweig: Der Lohn - ein volkswirtschaftlicher Markt- oder Machtfaktor? (Gew.Mon.H., 1958, H.10, S.600-609)

Hess, H.G.: Tagesverdienstsberechnung bei Gehaltsempfängern. (BB, 1958, H.31, S.1136-1138)

Hoffmann, E.: Kündigung des Lehrvertrages aus wichtigem Grund. (B, 1958, H.43, S.1217-1218)

Iffland, H.: Zeugnispflicht des Bergmannes und Verlust des Lohnausgleichsanspruches am arbeitsfreien Ruhetag. (B, 1958, H.47, S.1329-1330)

Kauffmann, H.: Der Beschäftigungsanspruch des Arbeitnehmers insbesondere des Betriebsrats. (Betr.Verf., 1958, H.9, S.165-168)

Kauffmann, H.: Die verschiedenen Methoden der Schlichtung von Regelungsstreitigkeiten aus internationaler Schau. (T.1.2.). (B, 1958, H.45, S.1272-1274; H.46, S.1298-1302)

Aus dem Bericht an den Kongreß 1958 der IG Metall. (AG, 1958, H.19, S.580-582)

Kunze, O.: Die Holding-Novelle in unternehmensrechtlicher Sicht. (ArbuR, 1958, H.10, S.289-297)

Lücking, K.: Berufsausbildung heute. (Soz.Sicherh., 1958, H.10, S.294-297)

Meinert, H.: Zur Frage der Haftung bei schadensgeneigter Arbeit unter Berücksichtigung der Gefährdungshaftung. (B, 1958, H.47, S.1328-1329)

Minta, H.: Europäische Arbeitsmarktprobleme. (Soz.Sicherh., 1958, H.11, S.325-327)

Neumann, D.: Zur Anfechtbarkeit von Schiedssprüchen nach § 110 ArbGG. (RdA, 1958, H.10, S.379-381)

Neumann, D.: Ungleiche Kündigungsfristen. (B, 1958, H.40, S.1129-1130)

Neumann-Duesberg: Kündigung der Betriebsvereinbarung. (RdA,1958, H.10, S.371-373)

Ordemann,H.J.: Zum Antragsrecht der Gewerkschaften im arbeitsgerichtlichen Beschlußverfahren.(RdA, 1958, H.11, S.412-414)

Plum,W.: Gewerkschaft und soziale Lage in Tunesien.(Gew.Mon.H., 1958, H.11, S.679-683) 17

Reuss,W.: Die Stellung des kollektiven autonomen Arbeitsrechts im Rechtssystem. (ArbuR, 1958, H.11, S.321-331)

Schönberger: Rechtliche Beurteilung von Unfällen während Arbeitspausen. (BB,1958, H.29, S.1059-1061)

Schregle, J.: Ausländische Arbeitsgesetzgebung.(4.Folge).IV.Afrika. (Ghana,Marokko, Portugiesische Kolonien; Südafrikanische Union, Sudan,Tunesien). (RdA, 1958,H.10, S.392; H.11, S.426)

Schuldt,G.: Die Beisitzerausschüsse in der Arbeitsgerichtsbarkeit. (ArbuR, 1958, H.11, S.336-340) 9

Siebert,W.: Einige Entwicklungslinien im neueren Individualarbeitsrecht. (RdA, 1958, H.10, S.366-370)

Spiegelhalter,F.: Zum Leistungsaufbau der betrieblichen Altersversorgung.(T.1.2.).(AG, 1958, H.19, S.582-586; H.21, S.648-651) 17

Stolz,O.: Der Weg aus der Sackgasse.(Betr.Gewerkschaften in Westdeutschland). (Polit.Studien,1958, H.102, S.679-688)

Umstrittenes Streikrecht in Kanada. (AG, 1958, H.21, S.642-644)

Wägenbaur,R.: Vorstrafen des Arbeitnehmers. (BB, 1958, H.29, S.1061-1062)

Wagner, E.: Sind Achtstundentag und soziale Fürsorge wirklich eine Errungenschaft des 19.und 20.Jahrhunderts? (RdA,1958,H.11,S.401-406) 17

17.Sozialrecht,Sozialgerichtsbarkeit und Verfahren

Gesetz über eine Altershilfe der Landwirte. (ZSR, 1958, H.9, S.652-658)

Barnbeck,K.: Der Referendar und die Sozialversicherung.(NJW, 1958, H.41, S.1622-1624)

Böhner,H.: Die Voraussetzungen für eine Reform des Kassenarztrechts. (ZSR, 1958, H.10, S.693-697)

Dähne,E.: Für Geheimhaltung ärztlicher Gutachten vor den Sozialgerichten. (Soz.Sicherh.,1958, H.11, S.323-325)

Die sozialpolitische Lage in Frankreich während des ersten Halbjahres 1958. (ZSR, 1958, H.9, S.636-641) 16

Friederichs,H.: Zur Verfassungsmäßigkeit der Kindergeldgesetzgebung. (BB,1958, H.28, S.1024-1027) 4

Frisch,A.: Neuer Sozialstart in Frankreich unter de Gaulle? (AG, 1958, H.19, S.588-590)

Grömig,U.: Das neue Begriffspaar "Berufsunfähigkeit" und "Erwerbsunfähigkeit" in ärztlicher Sicht. (Soz.Sicherh.,1958, H.11,S.334-336)

Gura,K.: Die Aussteuerung in der gesetzlichen Krankenversicherung. (Soz.Sicherh.,1958, H.10, S.306-309)

Haueisen: Die Vereinheitlichung der Verfahrensordnungen aus der Sicht der Sozialgerichtsbarkeit. (DVBl.,1958, H.22, S.769-779) 9

Henkelmann, W.: Selbstbeteiligung in der sozialen Krankenversicherung? (Soz.Sicherh.,1958, H.11, S.321-322)

Hirsch,G.: "Misere" der Selbstverwaltung? (Soz.Sicherh.,1958, H.10, S.298-300)

Höcker: Zur Reform der gesetzlichen Unfallversicherung.(ZSR,1958, H.9, S.604-628)

Hoernigk, R.: Das Problem der Anpassung laufender Renten in der Sozialversicherung. (BB, 1958, H.31, S.1104-1107)

Hofmann: Die 2. Novelle zum Sozialgerichtsgesetz (SGG). (ZSR, 1958, H.9, S.590-594)

Huber,H.: Der Schichtunterricht ist an vielem schuld.(ZSR,1958, H.10, S.700-708)

Jehle: Streiflichter zur Fürsorgereform. (ZSR, 1958, H.9,S.629-636)

Die sozialen Pläne der englischen Konservativen. (AG, 1958,H.20, S.620-622)

Ludwig, K.: Der Ruf nach der Vorschußrente. (ZSR, 1958, H.10, S.697-700)

Märker,F.: Die Not der Schriftsteller-und wie sie gemildert werden könnte. (Polit.Studien.,1958, H.103, S.766-777)

Meis, W.: Der Gesundheitszustand der deutschen Jugend.(Gew.Mon.H., 1958, H.11, S.646-651)

Musa,W.: Der Ausschluß des Anspruchs auf Familienzuschläge für eheliche Kinder. (Soz.Sicherh.,1958, H.10, S.304-306)

Nickenig: Entschädigungspflichtige Silikose. (ZSR,1958, H.9, Beil. Verwaltung und Aufsicht, S.77-84)

Pesch: Die sogenannte Gelegenheitsursache in der gesetzlichen Unfallversicherung. (NJW, 1958, H.45, S.1808-1811)

Peters, H.: Die Tendenz der Reform der Krankenversicherung.(ZSR, 1958, H.10, S.661-670)

Warnung vor dem Rentenmechanismus. (AG, 1958, H.20, S.626-628)

Das entschleierte Bild der Rentenreform. (AG, 1958, H.21, S.633-635)

Rohwer-Kahlmann: Die Kassenarztzulassung und das Grundgesetz. (T.1.2.). (ZSR, 1958,H.9, S.594-604; H.10, S.670-682) 4

Rothe, H.: Anmeldung ues Anspruchs auf Unfallentschädigung. (B,1958, H.42, S.1185-1186)

Rudlof,E.: Die "Rente wegen Berufsunfähigkeit" in den gesetzlichen Rentenversicherungen. (AG, 1958, H.21, S.652-656)

Schauffler,G.: Die Berücksichtigung be- und entlastender Momente bei der Ermittlung der Pensionsrückstellung. (B,1958,H.40, S.1105-1107)

Schneble,H.: Erhalten der Anwartschaft durch Nachentrichten von Beiträgen. (Soz.Sicherh.,1958, H.10, S.309-311)

Schönberger,A.: Die Kundenwerbung in unfallrechtlicher Sicht. (NJW, 1958, H.46, S.1854-1857)

Schrader,W.: Zur Reform der gesetzlichen Unfallversicherung.(ZSR, 1958, H.10, S.682-692)

Schranz,E.: Die Sanierung der österreichischen Krankenkassen. (Soz.Sicherh.,1958, H.11, S.331-332)

Selbstverwaltungs-Märchen. (Mbl.freiheitl.Wipol.,1958, H.10,S.586-588)

Gerechte und Soziale Ordnung in Freiheit. (Betr,Blank zur,Sozialpolitik der Bundesrepublik).(ZSR,1958, H.10,S.732-736)

Die Sozialpolitik und die Freiheit des Menschen. (AG, 1958,H.19, S.576-580)

Aus der geistigen Hinterlassenschaft Pius XII.(Betr.kath.Sozialpolitik).(AG, 1958, H.20, S.604-606) 16

Um die Position der Sozialpolitik. (AG, 1958, H.19, S.559-560)

Stahl,E.: Hat sich das Verbesserungsgesetz im Krankheitsfalle bewährt? (Soz.Sicherh.,1958, H.10, S.289-290) 16

Stempell,H.: Neue mutige Rede Blanks über KOV-Reform.(Soz.Sicherh., 1958, H.11, S.336-337)

Traube,H.: Zur Rentenumstellung nach dem Gesetz zur vorläufigen Neuregelung von Geldleistungen in der gesetzlichen Unfallversicherung. (ZSR, 1958, H.10, S.708-720)

Varelmann,F.: Beitragsbefreiung im Widerspruch zu Versicherungsprinzip und Leistungsgleichheit. (Soz.Sicherh.,1958, H.10, S.292-294)

Viscardi,H.: Können behinderte Werktätige den Anforderungen der Automation genügen? (Soz.Sicherh.,1958, H.11, S.327-330)

Wagener,W.: Wechsel des Sozialversicherungsträgers nach Abschluß einer Befreiungsversicherung. (BB,1958, H.31, S.1138-1139)

Werdermann, E.: Unfallversicherungsschutz für Arbeitslose. (Soz.Sicherh.,1958, H.11, S.332-333)

Wülker,G.: Grundzüge der Familien- und Jugendpolitik Schwedens. (ZSR, 1958, H.10, S.720-726)

18.Internationales Privatrecht

Schier,W.;P.H.Neuhaus: Nochmals: Zur Behandlung der Staatsbürgerschaftsehe im internationalen Privatrecht. (T.1).(FamRZ, 1958, H.11, S.410-411)

19.Juristische Ausbildungs-und Prüfungsfragen

Schmidt-Räntsch, G.: Die Vorbereitung des Richters auf die Ausübung seines Amtes. (DRiZ, 1958, H.10, S.274-278)

20.Sonstiges

Bundesgebiet-Berichtszeit vom 1.2.bis 31.7.1958. (Arbeitsrecht). (RdA, 1958, H.10, S.387-391)

Drabik,E.: Nordrhein-Westfalen - Berichtszeit vom 1.7.1957 bis 30.6.1958. (RdA,1958, H.11, S.422-424)

Glatz: Die Entwicklung des öffentlichen Rechts in Hamburg im ersten Halbjahr 1958. (DVBl.,1958, H.21, S.747-749)

Henle: Landesbericht Bayern (1.9.1957 - 31.8.58).(DÖV,1958, H.29/30, S.772-775)

Herderhorst: Die Entwicklung des öffentlichen Rechts in Bremen im ersten Halbjahr 1958. (DVBl.,1958, H.22,S.791-794)

Hessel: Baden-Württemberg - Berichtszeit vom 1.1.bis 30.6.1958. (RdA, 1958,H.11, S.425)

Hoffmann,W.: Die Entwicklung des öffentlichen Rechts in Hessen im ersten Halbjahr 1958. (DVBl.,1958, H.19/20, S.701-703)

Mitte,B.: Hamburg, Berichtszeit vom 1.Januar 1958 bis 30.Juni 1958. (RdA, 1958, H.10, S.391-392)

Müller,J.: Die gegenwärtige Situation im ländlichen Bildungswesen. (Gew.Mon.H.,1958, H.11, S.652-659)

C.21.(31.) VERZEICHNIS DER NEUERWERBUNGEN DER BIBLIOTHEK DES DEUTSCHEN INSTITUTS FÜR RECHTSWISSENSCHAFT 1)

1. ALLGEMEINES

1. Allgemeine und bibliographische Nachschlagewerke, Wörterbücher, Buch- und Bibliothekswesen

Beljaars, G.A.C.: Bibliographie historique et culturelle de l'intégration européenne. Bruxelles 1957. 142 S. V Ea 23731

Besser, K.; S. Hartung: Arbeitsschutzliteratur. Eine empfehlende Bibliographie. Hrsg. von der Deutschen Bücherei in Leipzig. Berlin 1958, 136 S. I Ea 23662

Bibliografický katalog ČSR. - České knihy 1957. (Josef Kajetán Tyl. Zusammenfassung seines literarischen Schaffens, tschech.:) Josef Kajetán Tyl. Soupis literárního díla. Prag 1957. 144 S. IV Ea 21408

Kleine Bibliographie zum Buch- und Bibliothekswesen. 2. Aufl. Als Ms. gedr. Berlin 1958. 51 S. I Ea 21621

Der Große Duden. Wörterbuch und Leitfaden der deutschen Rechtschreibung. 15. Aufl. Hrsg. v. H. Klien. Leipzig 1957. 531 S. I Ea 23301

Führer durch die Bibliotheken der Universitätsstadt Jena. Jena 1958. 55 S. I Ea 21681

Gesamtkatalog des Verlags W. Kohlhammer GMBH. Stuttgart, gegr. 1866. Stuttgart 1956. 242 S. II Ea 21567

Gyldendals norwegisches Wörterbuch. T.1/2. Berlin-Schöneberg o.J. II Ea 23594

International Bibliography of Economics. Bibliography internationale de science économique. Vol 5. Works published in 1956. Paris 1958. V Ea 23610

International Bibliography of Sociology. Vol. 6. Works published in 1956. Paris 1958. V Ea 23609

Langenscheidts Taschenwörterbuch der französischen und deutschen Sprache. T.1. 9. Aufl. Berlin-Schöneberg 1955. 532 S. II Ea 23739

1) Die hier angezeigte Literatur ist gemäß der Benutzungsordnung der Bibliothek des Deutschen Instituts für Rechtswissenschaft, für die Mitglieder des Deutschen Instituts für Rechtswissenschaft, Ministerien und zentrale Institutionen der Deutschen Demokratischen Republik und nach der Leihverkehrsordnung der Bibliotheken ausleihfähig. - Verzeichnis 1-10 ist enthalten im Mitteilungsblatt des Deutschen Instituts für Rechtswissenschaft 1953, Nr 1-1955, Nr 3.

Lexikon A - Z in zwei Bänden. Bd 1.2. Leipzig 1957-1958. Bd 1: 1024 S. Bd 2: 1035 S. I Ea 23663

Poland, Baltic countries and East Prussia. Bibliography, literature, linguistics, religion, philosophy, history, geography,ethnography, archeology, art. Rijswik 1958. 62 S. V Ea 21622

2.Biographien

Grabs,R.: Albert Schweitzer - Denker aus Christentum. Halle 1958. 208 S. I Ea 23749

Hauptmann,H.: Der Unsichtbare mit dem roten Hut. Skizzen geschrieben auf den Spuren Georgi Dimitroffs. Berlin 1958. 162 S. I Ea 23698

Manfred,A.Z.: (Maximilian Robespierre - ein hervorragender Staatsmann der großen französischen bürgerlichen Revolution, russ.:) Maksimilian Robesp'er - vydajuščijsja dejatel'velikoj francuzkoj buržuaznoj revoljucii. Moskau 1958. 48 S. III Ea 21507

Roessler,H.: Zwischen Revolution und Reaktion. Ein Lebensbild des Reichsfreiherrn Hans Christoph von Gagern 1766-1852. Göttingen, Berlin, Frankfurt 1958. 321 S. II Ea 23645

Tran Dan Tien: Glimpses of the life of Ho Chi Minh, President of the Democratic Republic of Vietnam. Hanoi 1958. 63 S. IV Ea 21544

3.Philosophie, Soziologie

Ajdukiewicz,K.: Abriss der Logik. Berlin 1958. 204 S. I Ea 23613

Bachitov,M.: (Was ist Mikrosoziologie?, russ.:)Čto takoe mikrosociologija? Moskau 1958. 31 S. III Ea 21532

Balke,S.: Grenzschichtprobleme in Wissenschaft und Politik. Vortrag. Essen 1958. 27 S. II Ea 23641

Baumgarten, A.: Die deutsche Wissenschaft in ihrem Verhältnis zur Sowjetunion. Berlin 1952. 16 S. I Ea 21588

Beljajew, K.I.: (Religion und Lebensweise, russ.:) Religija i byt. Moskau 1958, 30 S. III Ea 21657

Brepohl,W.: Soziale Aspekte im Atomzeitalter. Köln 1958. 4 Bl. II Eb 97

Bungardt, K.: Die Macht der Ideen im Zeitalter der Technik. Zwei Beitr.z.d.Problemen einer demokr. Erziehung heute und morgen. Darmstadt 1956. 43 S. II Ea 23734

Chudjakov, S.N.: (Wird die Religion immer existieren?, russ.:) Vsegda li budet suščestvovat'religija? Moskau 1958. 30 S. I Ea 21586

Chudušin, F.: (Der Sozialismus ist Freiheit. Die Gesetzmäßigkeit der gesellschaftl. Entwicklung u.das bewußte Wirken d.Menschen im Sozialismus, russ.:) Socialzm - eto svoboda < Zakonomernost'obščestvennogo razvitija i soznatel'naja dejatel'nost' ljudej pri socializme. Moskau 1958. 45 S. III Ea 21409

Der dialektische Materialismus und der Aufbau des Sozialismus. Diskussionsbeiträge. (Konf.d.Inst.f.Gesellschaftswiss.beim ZK der SED v.5.u.6.Mai 1958 in Berlin) 2.Aufl. Berlin 1958. 190 S. I Ea 23726

Dobruskin,M.: (Die Entstehung einer neuen Intelligenz in den europäischen Ländern der Volksdemokratie, russ.:) Formirovanie novoj intelligencii v evropejskich stranach narodnoj demokratii. Moskau 1958. 31 S. III Ea 21889

Egger,M.: Einflüsse moderner Zivilisation im Dorfe. Dargest. am Dorfe Hüttenthal im Odenwald. Hrsg.v.d.Forschungsgesellsch.f.Agrarpolitik u.Agrarsoziologie. Bonn 1957. 231 S. Heidelberg.Phil.Fak., Diss.v.1957 II Eb 959

Flashar,H.: Der Dialog Ion als Zeugnis platonischer Philosophie. Berlin 1958. 144 S. I Ea 23740

Forster,G.: Philosophische Schriften. Berlin 1958. 256 S. I Ea 23753

Francis,E.K.: Wissenschaftliche Grundlagen soziologischen Denkens. München 1957. 143 S. II Ea 23733

Garaudy, R.: Humanisme marxiste. Cinq essais polémiques. Paris 1957. 311 S. V Ea 23636

Grigorjan,S.N.: (Die großen Denker Mittelasiens, russ.:) Velikie mysliteli srednej Azii. Moskau 1958. 31 S. III Ea 21533

Gropp,R.O.: Zu Fragen der Geschichte der Philosophie und des dialektischen Materialismus. Berlin 1958. 137 S. I Ea 23710

Guerre,R.;M.Zinty: Beseelen statt befehlen. Priester der Christlichen Arbeiter-Jugend. Augsburg 1958. 142 S. II Ea 23639

Hättich,M.: Wirtschaftsordnung und katholische Soziallehre. Die subsidiäre u.berufsständische Gliederung d.Gesellschaft in ihrem Verhältnis zu d.wirtschaftl.Lenkungssystemen. Stuttgart 1957. 194 S. II Ea 23306

Hager,K.: Der dialektische Materialismus-die theoretische Grundlage der Politik der SED.(Ref.u.Schlußwort auf der Konf. des Inst.f. Gesellschaftswiss.beim ZK der SED v.5.u.6.Mai 1958 in Berlin) 2.Aufl. Berlin 1958. 94 S. I Ea 23754

Heintz, P.: Soziale Vorurteile. Ein Problem der Persönlichkeit, der Kultur und der Gesellschaft. Köln 1957. 218 S. II Ea 23625

Jöhr, W.A.: Der Kompromiss als Problem d.Gesellschafts-Wirtschafts-u.Staatsethik. Tübingen 1958. 53 S. II Ea 23394

Ionidi, P.P.: (Die philosophische Bedeutung des Periodischen Systems von D.I.Mendelejew, russ.:) Filosofskoe značenie periodičeskogo zakona D.I.Mendeleeva. Moskau 1958. 47 S. III Ea 21535

Klaus,G.: Jesuiten, Gott, Materie. Des Jesuitenpaters Wetter Revolte wider Vernunft und Wissenschaft. Berlin 1958. 360 S. I Ea 23714

Kornienko,D.I.: (Über die Rolle des moralischen Faktors im modernen Krieg, russ.:) O roli moral'nogo faktora v sovremennoj vojne. Moskau 1958. 47 S. III Ea 21662

Kotarbiński,T.: (Vorträge aus der Geschichte der Logik, poln.:) Wykłady z dziejów logiki. Lódz 1957. 251 S. IV Ea 23346

Kouplend,N.: (Die Psychologie und der Soldat, russ.:) Psichologija i soldat. Moskau 1958. 134 S. III Ea 23725

Locke, J.: Ein Brief über Toleranz. Englisch-deutsch. Übers.,eingel. u.in Anm.erl.v.J.Ebbinghaus. Hamburg 1957. 134 S. II Ea 23580

Loewenich,W.von: Menschsein und Christsein bei Augustin, Luther und Jakob Burckhardt. Drei Vorträge. Gütersloh 1948. 129 S.II Ea 23581

Malinin, V.A.: (Über die gegenwärtigen Widersacher der marxistischen Philosophie, russ.:) O sovremennych vragach marksistskoj filosofii. Moskau 1958. 31 S. III Ea 21627

Marxistische Philosophie und sozialistische Politik. Aktuelle Probleme d.marxist. Philosophie in der DDR. Berlin 1958. 190 S. I Ea 23612

Michnevič,D.E.:)Über Seele und Glauben im jenseitigen Leben, russ.:) O duše i vere v zagrobnuju žizn'. Moskau 1958. 38 S. III Ea 21628

Momdžjan, Ch.N.: (Kommunismus und Christentum, russ.:) Kommunizm i christianstvo. Moskau 1958. 37 S. III Ea 21538

Natur, Mensch und Religion.Ein Beitr.z.naturwiss.-atheistischen Propaganda. Berlin 1958. 210 S. I Ea 23704

Ossowska,M.: (Grundlagen der Wissenschaft von der Moral, poln.:) Podstawy nauki o moralności. Wyd. drugie. Warschau 1957. 416 S. IV Ea 23677

Pfaffe,H.;K.H.Neumann: Kein Platz für Gott im Weltall. Berlin 1958. 48 S. I Ea 23715

Pinčuk,L.T.: (Die "Wunder" der Religion, russ.:) "Čudeca" religii. (Nauka i sueverija). Moskau 1958. 31 S. III Ea 21583

Platonov,G.V.: (Marxismus und Darwinismus, russ.:) Marksizm i Darvinizm. Moskau 1958. 39 S. III Ea 21624

Recherches sur la famille. Studies of the family. Untersuchungen über die Familie. Vol.2. Seminaire 1955. (Schriftenreihe des Unesco-Instituts für Sozialwissenschaften Bd 5) Göttingen 1957. XI, 337 S. II Ea 23650

Scheler,H.: Die Stellung des Marxismus-Leninismus zur Religion. 3.Aufl. Berlin 1958. 40 S. I Ea 23717

Simmel, G.: Gesammelte Werke. Bd 1.2. Bd 1: Philosophie des Geldes. 585 S. Bd 2: Soziologie. 578 S. Berlin 1958. II Ea 23590

Sobolev, A.: (Der Marxismus-Leninismus über die Formen des Übergangs des Kapitalismus zum Sozialismus, russ.:) Marksizm-Leninizm o formach perechoda ot kapitalizma k socializmu. Moskau 1958. 161 S. III Ea 23349

Stučevskij, I.A.: (Die orientalischen Wurzeln der Christusmythe, russ.:) Vostočnye korni mifa o Christe. Moskau 1958. 62 S. III Ea 23620

Vituchnovskij, G.V.: (Der proletarische Philosoph Joseph Dietzgen, russ.:) Proletarskij filosof Iosif Dicgen. Moskau 1958. 46 S. III Ea 21656

Wessel, H.: Kreuz und Bundesadler. Berlin 1958. 36 S. I Ea 23695

4. Wirtschaftswissenschaft

Blažke, J.: (Allgemeine Theorie der technischen Normung, tschech.:) Obecná teorie technické normalisace. Prag 1958. 254 S. IV Eb 1000

Borgmeier, A.: Preispolitik. (Zur Finanzpolitik der Deutschen Bundesrepublik. Bd 1) Berlin 1958. 223 S. I Ea 23485

Braslavskij, I.M.: (Der Außenhandel der kapitalistischen Länder in der ersten Etappe der allgemeinen Krise des Kapitalismus, russ.:) Vnešnaja torgovlja kapitalističeskich stran na pervom etape obščego krizisa kapitalizma. Kiew 1957. 405 S. III Ea 23511

Building a new world economy. Washington 1946. 10 S. V Eb 1008

Die Bundes-Konzerne. Schach dem Staatskapitalismus durch Privatisierung. Mit einer Einltg von K.Bräuer. Bad Wörishofen 1957. 238 S. II Ea 23541

Erhard, L.; J.Lang; G.Schmölders u.a.: Wir fordern eine klare Wirtschafts-und Sozialpolitik. Heraus aus dem Sumpf der Halbheiten und Inkonsequenzen. Wortlaut der Vorträge, die auf d.3.Arbeitstagung d. Aktionsgemeinschaft Soziale Marktwirtschaft e.V.am 28.u.29.April 1955 in Bad Godesberg gehalten wurden. Ludwigsburg 1955. 141 S. II Ea 23681

Finanzprobleme des modernen Imperialismus. Autorenkollektiv unter der Leitung v.F.Rzesnitzek. Berlin 1958. 248 S. I Ea 23743

Gheorghiu-Dej, Gh.: Ein hervorragender Beitrag zur Festigung des sozialistischen Lagers. [Betr.: Entwurf der Direktiven für den Sechsten Fünfjahrplan zur Entwicklg der Volkswirtschaft der UdSSR] Bukarest 1956. 15 S. IV Ea 23049

Hängekorb, K.: Termin und Qualität - A und O unseres Exports. Berlin 1958. 58 S. I Ea 23302

Hampe, A.: Die freie Mietpreisbildung. Ein Beitrag zur Theorie der "Marktmiete". Stuttgart 1958. 176 S. II Ea 23687

Harmadik, K.; H.Kiadás: Rund um den Außenhandel. Budapest 1958. 343 S. IV Ea 23708

Janaček,J.: (Die Rudolfinischen Teuerungsordnungen. Beitrag zu e. Gesch.d.Preisrevolution in Böhmen, tschech.): Rudolfinské drahotní řády.Příspěvek k dějinám cenové revoluce v Čechách. Praha 1957. 78 S. IV Ea 23521

Jedrychowski,S.: Leitgedanken der Wirtschaftspolitik im Bereiche der Industrie. Warschau 1957. 39 S. IV Ea 23618

Königer,H.: Der Weg nach München. Über die Mai-und Septemberkrise im Jahre 1938 und ihre Vorgeschichte. Berlin 1958. 198 S. I Ea 23712

Kohlmey, G.: Entwicklungsprobleme des sozialistischen Weltwirtschaftssystems. Berlin 1958. 88 S. I Ea 23696

Orlopp,J.: Eine Nation handelt über Zonengrenzen. Ein Streifzug durch die Geschichte des innerdeutschen Handels. Berlin 1958. 138 S. I Ea 21695

Rustow,A.;F.Böhm;H.Reif u.a.: Der mittelständische Unternehmer in der Sozialen Marktwirtschaft. Wortlaut d.Verträge auf d.4.Arbeitstagung d.Aktionsgemeinschaft Soziale Marktwirtschaft e.V.am 17.Nov. 1955 in Bad Godesberg. Ludwigsburg 1956. 99 S. II Ea 23682

Salzmann,F.: Muß die "Freiwirtschaft" an der Natur des Menschen scheitern? Bad Nauheim, Berlin 1953. 19 S. II Ea 23684

Schmölders,G.;R.Schröder;H.Seidenfus: John Maynard Keynes als "Psychologe". Berlin 1956. 167 S. II Ea 23501

Schokaire,L.: L'Epargne et l'investissement dans la pensée économique contemporaine. Kairo 1954. 482 S. V Ea 21519

Schramm,P.E.: Deutschland und Übersee. Der dt.Handel mit d.anderen Kontinenten, insbes.Afrika, von Karl V.bis zu Bismarck. Ein Beitr. z.Geschichte d.Rivalität im Wirtschaftsleben. Braunschweig,Berlin, Hamburg, Kiel 1950. 639 S. II Ea 23587

Schwarz,K.: Untersuchungen zur Geschichte der deutschen Bergleute im späteren Mittelalter. Berlin 1958. 168 S. I Ea 23751

Secomski,K.: Grundzüge des Fünfjahrplans in Polen (1956-1960). Warschau 1958. 98 S. IV Ea 21617

Wheeler,G.S.: Entwicklung und Probleme der Landwirtschaft in den USA. Berlin 1958. 288 S. I Ea 23744

Wibbe,J.: Entwicklung, Verfahren und Probleme der Arbeitsbewertung. München 1953. 142 S. II Ea 23552

Winkler,E.;F.Böhm;F.Hellwig u.a.: Das Programm der Freiheit. Wortlaut d.Verträge, die auf d.Bundestag d.Freiwirtschaftsbundes am 6. u.7.Nov.1952 in Heidelberg gehalten wurden. Bad Nauheim 1953. 180 S. II Ea 23683

Zeiger,K.: Betriebsabrechnung im Baugeschäft. Düsseldorf 1958. 80 S. II Ea 23591

5.Geschichte

Abraham,H.: Zu einigen aktuellen Fragen des Kampfes der Kommunistischen Partei der Sowjetunion in der Übergangsperiode (1921-1924). Berlin 1958. 122 S. I Ea 23701

Berthold,L.;H.Neef: Militarismus und Opportunismus gegen die Novemberrevolution. Das Bündnis der rechten SPD-Führung mit der Obersten Heeresleitung November und Dezember 1918. Eine Dokumentation. Berlin 1958. 218 S. I Ea 23750

Böhmer,J.F.;M.Uhlirz: Die Regesten des Kaiserreiches unter Otto III. 980 (983)-1002. Lfg 1.2. Graz, Köln 1956-1957. V Eb 962

Bussmann,W.: Das Zeitalter Bismarcks. Konstanz 1957. 282 S. V Eb 955

(Chronik der internationalen Ereignisse des Jahres 1957, russ.:) Chronika meždunarodnych sobytij 1957 god. Moskau 1958. 220 S. III Ea 23673

Dedov,A.M.: (Die Komitees der Dorfarmut und ihre Rolle bei der Festigung der Sowjetmacht, russ.:) Komitety derevenskoj bednoty i ich rol'v ukreplenii sovetskoj vlasti. Moskau 1958. 47 S. III Ea 21585

Dimitroff,G.: Ausgewählte Schriften in drei Bänden. Bd 3.1935-1948. Berlin 1958. 718 S. I Ea 14546

Dray,W.: Laws and explanation in history. London 1957. 174 S. V Ea 23173

Eggerment,P.H.L.: The Chronology of the reign of Asoka Moriya. A comparison of the data of the Asoka inscriptions and the data of the tradition. Leiden 1956. 222 S. Leiden,lit.Fak., Diss.v.24.Oktober 1956 V Ea 21566

Emmerling,E.: Fünfzig Jahre Volkshochschule in Deutschland. Ein Beitrag zur Geschichte der Erwachsenenbildung. Berlin 1958. 111 S. I Ea 23661

Erkämpft das Menschenrecht. Lebensbilder und letzte Briefe antifaschistischer Widerstandskämpfer. Mit einem Vorwort von Wilhelm Pieck. Berlin 1958. 694 S. I Eb 965

Gavrilov,B.A.: (Der Kampf der Kommunistischen Partei für die Festigung des Bündnisses der Arbeiter und Bauern in der Periode des Wiederaufbaus der Volkswirtschaft, russ.:) Bor'ba kommunističeskoj partii za ukreplenie sojuza rabočego klassa s krest'-janstvom v period vosstanovlenija narodnogo chozjajstva 1921-1925 GG. Moskau 1958. 45 S. III Ea 21528

Gimpel'son,E.G.: (Aus der Geschichte des Aufbaus der Sowjets,russ.:) Iz istorii stroitel'-stva sovetov. Moskau 1958. 176 S. III Ea 23654

Graudin,K.;G.Storoženko: (Im Feuer der Intervention, russ.:) V ogne intervencii. Litauen 1918-1920) Riga 1958. 160 S. III Ea 23756

Gschnitzer,F.: Abhängige Orte im griechischen Altertum. München 1958. 195 S. II Ea 23548

Gutachten des Instituts für Zeitgeschichte [betr.Geschichte des Dritten Reiches] München 1958. 439 S. II Ea 23623

Hellfaier,K.A.: Die deutsche Sozialdemokratie während des Sozialistengesetzes 1878-1890. Ein Beitr.z.Geschichte ihrer illegalen Organisations-u.Agitationsformen. Berlin 1958. 276 S. I Ea 23702

Judenkov,A.F.: (Die internationale Bedeutung des Beginns des sozialistischen Aufbaus in der UdSSR, russ.:) Meždunarodnoe značenie opyta stroitel'stva socializma v SSSR. Moskau 1958. 47 S. III Ea 21529

Ivašin,I.F.: (Der Kampf der UdSSR um den Frieden und die Sicherheit der Völker am Vorabend des zweiten Weltkrieges, russ.:) Bor'ba SSSR za mir i bezopasnost' narodov nakanune vtoroj mirovoj vojny. Moskau 1958. 39 S. III Ea 21526

Kirchhoff,H.G.: Die staatliche Sozialpolitik im Ruhrbergbau 1871-1914. Köln, Opladen 1958. 179 S. II Ea 23551

Kolbe,G.: (Die Revolution 1918 in Deutschland, russ.:) Revoljucija 1918 goda v Germanii. Moskau 1958. 47 S. III Ea 21643

Kolesnikov,A.K.: (Die organisatorische Tätigkeit der KPdSU unter den Massen, russ.:) Organisatorskaja dejatel'nost' KPSS v massach. Moskau 1958. 47 S. III Ea 21661

Die konterrevolutionäre Verschwörung von Imre Nagy und Komplizen. Hrsg.v.Informationsamt d.Ministerrates d.ungarischen Volksrepublik. Budapest 1958. 195 S. IV Ea 23728

(Korea, Geschichte und Wirtschaft, russ.:) Koreja, istorija i ekonomika Moskau 1958. 235 S. III Ea 23674

Koškin,V.N.: (Der Kampf der Kommunistischen Partei der Sowjetunion um die Festigung und weitere Entwicklung der gesellschaftlichen Wirtschaft der Kolchosen, russ.:) Bor'ba kommunističeskoj partii sovetskogo sojuza za ukreplenie i dal'nejšee razvitie obščestvennogo chozjajstva kolchozov. 1953-1957 gg. Moskau 1958. 47 S. III Ea 21534

Lavrovskij,V.M.;M.A.Barg: (Die englische bürgerliche Revolution, russ.:) Anglijskaja buržuaznaja revoljucija. Nekotorye problemy anglijskoj buržuaznoj revoljucii 40-ch godov 17 veka. Moskau 1958. 365 S. III Ea 23468

Lipscher,L.: (Die Autonomie der slowakischen Volkspartei - Illusion und Wirklichkeit, slowak.:) L'udácka autonómia ilúzie a skutočnost. Bratislawa 1957. 319 S. IV Ea 21474

Maschke,E.: Der Kampf zwischen Kaisertum und Papsttum. Mit Bibliographie u.Erg.von K.Jordan. Konstanz 1955. 90 S. V Eb 954

Miller,A.F.: (Der 50.Jahrestag der türkischen Revolution, russ.:) Pjatidesjatiletie mladotureckoj revoljucii. Moskau 1958. 46 S. III Ea 21525

Najdenov,M.E.: (Die Festigung des Bündnisses der Arbeiter und Bauern im Ergebnis der Kollektivierung der Landwirtschaft, russ.:) Ukreplenie sojuza rabočego klassa i krest'janstva v rezul'tate kollektivizacii sel'skogo chozjajstva. Moskau 1958. 47 S. III Ea 21527

Nuschke,O.: Reden und Aufsätze 1919-1950. Berlin 1957. 263 S.
I Ea 23745

Opel,F.: Der Deutsche Metallarbeiterverband während des ersten Weltkrieges und der Revolution. Hannover, Frankfurt/M. 1957. 144 S.
II Ea 23644

Podvojskij, N.I.: Das Jahr 1917, russ.:) God 1917.Moskva 1958. 188 S.
III Ea 23379

Reed,J.: Zehn Tage, die die Welt erschütterten. Mit einem Vorwort von W.I.Lenin und N.K.Krupskaja. 2.Aufl. Berlin 1958. 516 S.
I Ea 23713

Rumjanceva,A.S.: (Die 5.Allrussische Tagung der Sowjets und die Verabschiedung der ersten sowjetischen Verfassung, russ.:) 5.Vserossijskij s-ezd sovetov i prinjatie pervoj sovetskoj konstitucii. Moskau 1958. 39 S.
III Ea 21494

Šarov,P.P.: (Die bolschewistische Partei - Organisator der Volksmassen im Kampf um die Errichtung der Organe der Sowjetmacht, russ.:) Partija bol'ševikov - organizator narodnych mass v borb'e za sozdanie organov sovetskoj vlasti. Moskau 1958. 47 S. III Ea 21537

Wheeler,G.S.: Die amerikanische Politik in Deutschland. (1945-1950). Berlin 1958. 275 S.
I Ea 23659

6.Politik

Ausschuss für Deutsche Einheit. Information. Adenauer-CDU betrügt Mittelstand. Berlin 1958. 9 S.
I Eb 500

Ausschuss für Deutsche Einheit. Information. Adenauers Terror gegen die Wiedervereinigung. Berlin 1958. 4 S.
I Eb 500

Eighth All-China Congress of the Trade Unions. Ed.by the All-China Federation of Trade Unions. Peking 1958. 124 S.
IV Ea 23671

Ausschuss für Deutsche Einheit. Information. Verschärfte Angriffe der CDU gegen Atomkriegsgegner. Aus der Haushalts-Debatte d.Bundestages u.d.Wahlreden d.CDU. Berlin 1958. 12 S.
I Eb 500

Bericht des Zentralkomitees an den V.Parteitag der Sozialistischen Einheitspartei Deutschlands. 3.Aufl. Berlin 1958. 196 S.
I Ea 23711

Beschluß des V.Parteitages über den Kampf um den Frieden, für den Sieg des Sozialismus für die nationale Wiedergeburt Deutschlands als friedliebender, demokratischer Staat. Berlin, 10.-16.Juli 1958. Berlin 1958. 95 S.
I Ea 23718

Bohn,H.: Die Sozialisten und die Verteidigung. Eine Untersuchg in d.Nachbarländern Deutschlands. Köln 1957. 201 S.
II Ea 23390

Brenner,O.: Gewerkschaft und Kulturpolitik. Referat, geh.auf d. 12.Vertreterversammlung d.Gesamtverbandes Braunschweigischer Lehrer 1957. Frankfurt 1957. 23 S.
II Ea 23502

Chruschtschow,N.S.: UdSSR und DDR untrennbar verbunden. Rede auf d. 5.Parteitag d.SED, Berlin 10.-16. Juli 1958. 2.Aufl. Berlin 1958. 37 S. I Ea 23688

Ausschuss für Deutsche Einheit. Information. Wachsender Einfluß der Militaristen auf den Sport in der Bundesrepublik. Berlin 1958. 12 S. I Eb 500

Erklärung der Beratung von Vertretern der kommunistischen und Arbeiterparteien der sozialistischen Länder, die vom 14.-16.November 1957 in Moskau stattfand.- Beschluss der 34.Tagung des ZK der SED zu den Ergebnissen der Beratungen der kommunistischen und Arbeiterparteien anläßlich des 40.Jahrestages der Großen Sozialistischen Oktoberrevolution 2.Aufl. Berlin 1958. 32 S. I Ea 23691

Ausschuß für Deutsche Einheit. Information. Der Fall Eisele,- nur einer von vielen. Berlin 1958. 7,VI S. I Eb 500

Ausschuss für Deutsche Einheit. Information. Kampf gegen Atomtod geht verstärkt weiter. Volksbefragungen sind rechtmäßig. Berlin 1958. 10 S. I Eb 500

Ausschuss für Deutsche Einheit. Information. Von Kassel bis München. < Zur 6.Generalversammlung d.IG Bergbau.> Berlin 1958. 12 S. I Eb 500

Kim Il Sung: Report at the enlarged plenum of the Central Committee of the workers' party of Korea, December 5, 1957.(Betr.:40.Jahrestag der Oktoberrevolution u.Treffen d.Kommunistischen u.Arbeiterparteien in Moskau). Pyongyang 1957. 40 S. IV Ea 21545

Ausschuss für Deutsche Einheit. Die kulturpolitische Zielsetzung und Tätigkeit der CDU/CSU. Berlin 1957. 30 S. I Eb 830

Looh,H.: In eine neue Epoche. Ein Buch für den Mittelstand. Berlin 1958. 306 S. I Ea 23706

Moghioros,A.: Die Festigung der Partei der Arbeiterklasse, die Gewähr des Sieges des Sozialismus in Rumänien. o.O.1952. 23 S. IV Ea 21549

Ausschuß für Deutsche Einheit. Information. Die Rekrutenschinderei in der Bundeswehr und ihre Folgen. Berlin 1958. 6 S. I Eb 500

(Die 2.Sitzung des 8.Allchinesischen Kongresses der Kommunistischen Partei Chinas, russ.:) Vtoraja sessija VIII Vsekitajskogo s-ezda kommunisticeskogo partii Kitaja. Peking 1958. 96 S. IV Ea 23670

Ulbricht,W.: Grundfragen der Politik der Sozialistischen Einheitspartei Deutschlands. 5.Aufl. Berlin 1958. 110 S. I Ea 23690

Ulbricht,W.: Grundfragen der ökonomischen und politischen Entwicklung in der Deutschen Demokratischen Republik. 3.Aufl. Berlin 1958. 123 S. I Ea 23689

Vladimircev,V.S.: (Die KPdSU - der Führer des sowjetischen Volkes, russ.:) KPSS - vožd' sovetskogo naroda. Moskau 1958. 39 S. III Ea 21644

Ausschuss für Deutsche Einheit. Information. Zum Wahlkampf in Nordrhein-Westfalen. Berlin 1958. 8 S. I Eb 500

Ausschuss für Deutsche Einheit. Information. Die westdeutschen Arbeiter im Kampf um Volksbefragung und gewerkschaftliche Grundrechte. Berlin 1958. 8 S. I Eb 500

Wheeler,G.S.: Die amerikanische Politik in Deutschland (1945-1950) Berlin 1958. 275 S. I Ea 23382

Ausschuss für Deutsche Einheit. Information. Widerstand der westdeutschen Bauern gegen Atomtod, Landraub und Remilitarisierung. Berlin 1958. 10 S. I Eb 500

II.RECHTSWISSENSCHAFT

1.Gesetzesmaterialien und Dokumente (auch Verfassungen und Kurzkommentare)

Arbeitsgesetzbuch und Auszüge aus dem Gesetz über den Haushaltsplan der Staatsangestellten sowie aus dem Gesetz über Sozialversicherung. Sofia 1951. 34 gez.Bl. IV Eb 1010

Bafia,J.;K.Buchala: (Bedingte Freilassung. Einführung u.Kommentar zum Gesetz vom 29.5.1957.,poln.:) Warunkowe zwolnienie. Wprowadzenie i komentarz do ustawy z dnia 29.5.1957 g. Warschau 1957. 127 S. IV Ea 23345

Boock,G.;R.Reuther: Wohnraumerfassung und Wohnraumverteilung. Eine ausführl.Erl.d.gesetzl.Bestimmgn über d.Wohnraumlenkg. Berlin 1958. 142 S. I Ea 23652

Constitucion de la Nacion Argentina. Con las reformas de 1860, 1866, 1898 y 1957. Buenos Aires 1958. 21 S. V Eb 922

Komitet Nauk Prawnych PAN i Ministerstwo Sprawiedliwości. Diskussionsmaterial zum Entwurf des Zivilgesetzbuches der Polnischen Volksrepublik,poln.:) Materiały dyskusyjne do projektu kodeksu cywilnego Polskiej Rzeczypospolitej Ludowej. Warschau 1955. 368 S. IV Ea 21410

Documents related to the implementation of the Geneva Agreements concerning Viet-Nam. Hanoi 1956. 192 S. IV Ea 21635

Documents relatifs à l'exécution des Accords de Genève concernant le Viet-Nam. Hanoi 1956. 206 S. IV Ea 21636

Dukalski,H.;E.Kreid;J.Prorok: (Grundsteuer und die Abgaben für die Elektrifizierung, poln.:) Podatek gruntowy i opłaty elektryfikacyjne. Komentarz i teksty. Warschau 1958. 411 S. IV Ea 21620

(Entwurf des Strafgesetzbuches der Polnischen Volksrepublik und einleitende Bestimmungen, poln.:) Projekt kodeksu karnego Polskiej Rzeczypospolitej Ludowej i przepisy wprowadzające. Warschau 1956. 105 S. IV Ea 21411

Die Europäische Wirtschaftsgemeinschaft.Wortlaut des Vertrages und der grundlegenden zusätzlichen Vereinbarungen. Bielefeld 1958. 130 S. II Ea 23643

Gesetz der Arbeit zur Förderung und Pflege der Arbeitskräfte, zur Steigerung der Arbeitsproduktivität und zur weiteren Verbesserung der materiellen und kulturellen Lage der Arbeiter und Angestellten vom 19.April 1950. Berlin 1958. 110 S. I Ea 23697

Polnisches Institut für internationale Angelegenheiten. Gesetzgebung der Polnischen Volksrepublik. Ausgewählte Gesetze, Dekrete, Verordnungen, Beschlüsse. H.1/54, 1/55, 3/57, 4/57. Warschau 1954-1957. IV Ea 21663

Dritter Jahresbericht der Europäischen Zahlungsunion. 1.Juli 1952 bis 30.Juni 1953. Hrsg.v.Bundesministerium f.wirtschaftl. Zusammenarbeit. Bonn 1953. 151 S. II Ea 21696

Die Kriegsfolgenschlußgesetzgebung. Hrsg.v.E.Féaux de la Croix. Lfg 1-3. Stuttgart 1957-1958. Loseblattsammlung. II Ea 23508

The Law of the Sea. The final act and annexes of the United Nations Conference on the Law of the Sea, Geneva 1958, together with... claims to jurisdiction... London 1958. 42 S. V Ea 21550

Lipiński,K.: (Die Entscheidungen des Obersten Gerichts...(Betr.ZPO, FGG u.a.), poln.:) Orzecziotwo sądu najwyższego wyjaśnienia,... Warschau 1957. 47 S. IV Ea 12403

Lipiński,K.: (Über die standesamtlichen Akte, poln.:) O aktach stanu cywilnego. Dodatek. Tekst prawa... Warschau 1956. 138 S. IV Ea 21400

McFarland,E.W.: Summary of the legislative record of the 82 nd congress. (1951/1952) Washington 1952. 155 S. V Ea 21631

Niederschriften über die Sitzungen der Großen Strafrechtskommission. Bd 1-3. Bonn 1956-1958. II Eb 961

Patent Law Codification and Revision. Hearings before Subcommittee No. 3 of the Committee on the Judiciary House of Representatives. Washington 1951. 230 S. V Ea 21632

Rauzy,A.;S.Picquenard: La législation de l'aide sociale. Textes et commentaires à jour au 1 er juin 1955. Paris 1955. 672 S. V Ea 23730

(Sammlung gesetzgebender und behördlicher Akte über die Landwirtschaft, russ.:) Sbornik zakonodatel'nych i vedomstvennych aktov po sel'skomu chozjajstvu. T.3. Moskau 1958. 664 S. III Ea 21609

(Sammlung gültiger Entscheidungen des Plenums des Obersten Gerichtshofes der UdSSR in den Jahren 1924-1957,russ.:) Sbornik dejstvujuščich postanovlenij plenuma verchovnogo suda SSSR 1924-1957 gg. Moskau 1958. 279 S. III Ea 21703

(Das Gesetz über die Staatliche Wirtschaftsarbitrage,poln.:) Prawo o państwowym arbitrażu gospodarczym. Warschau 1958. 133 S. IV Ea 21619

(Die Stellung der ständigen Kommissionen der örtlichen Machtorgane der Länder der Volksdemokratie,russ.:) Položenija o postojannych komissijach mestnych organov vlasti stran narodnoj demokratii. Moskau 1956. 149 S. III Ea 21737

Urban,M.: (Das Transportrecht, Kommentar, poln.:) Prawo transportu drogowego. Komentarz. Warschau 1958. 339 S. IV Ea 23343

Vajsfel'd,L.D.;V.V.Karavaev: (Die Gesetzgebung über die staatlichen Pensionen, russ.:) Zakonosatel'stvo o gosudarstvennych pensijach. Kommentarij. Moskau 1958. 327 S. III Ea 21702

Deutsches Institut für Rechtswissenschaft. Das Wahlrecht der sozialistischen Staaten Europas. Übers.u. red.von H.Engelbert. Berlin 1958. 358 S. I Ea 23752

(Sammlung der Zivilgesetze der Volksrepublik Albanien,alban.:) Ligjet kryesore civile te republikes popullore te Shqiperise. Tirane 1957. 231 S. IV Ea 20412

2.Rechtswissenschaft allgemein

Arbeiten der Irkutsker staatlichen A.A.Shdanow-Universität. Juristische Serie, russ.:) Trudy irkutskogo gosudarstvennogo universiteta imeni A.A. Zdanova. T. 13-22. Serija juridičeskaja. Irkutsk 1955-1957. III Ea 21481

Kecek'jan,S.F.: (Die Rechtsverhältnisse in der sozialistischen Gesellschaft, russ.:) Pravootnošenija v socialističeskom obščestve. Moskau 1958. 186 S. III Ea 21713

3.Staats-und Rechtstheorie

Betti,E.: Das Problem der Kontinuität im Lichte der rechtshistorischen Auslegung. Wiesbaden 1957. 42 S. II Ea 23287

Buss,H.: Allgemeine Staatslehre und Deutsches Staatsrecht. Herford, Köln 1957. 160 S. II Ea 23680

Cicero,M.T.: Staatslehre, Staatsverwaltung. Übertr.u.erl.v.K.Atzert. München 1958. 161 S. II Ea 23372

Finer,H.: Der moderne Staat. Theorie und Praxis. Bd 1.2. Stuttgart, Düsseldorf 1957-1958. Bd 1: 416 S. Bd 2: 545 S. II Ea 23642

Huber, E.R.: Zur Problematik des Kulturstaates. Tübingen 1958. 30 S. II Ea 23584

Kippert,K.: Der Staat, sein Wesen und seine Aufgaben. Ratingen b.Düsseldorf 1957. 98 S. II Ea 23272

Kurbatova,J.I.: (Die marxistisch-leninistische Lehre von der Diktatur des Proletariats, russ.:) Marksistsko-leninskoe učenie o diktature proletariata. Moskau 1958. 38 S. III Ea 21654

Lakatoš,M.: (Die Formen des tschechoslowakischen Rechts, tschech.:) Formy československého práva. Praha 1956. 90 S. IV Ea 21693

Lenin,W.I.: An die Bevölkerung. Über Demokratie und Diktatur. Was heißt Sowjetmacht? Berlin 1955. 43 S. I Ea 23716

Lenin,V.I.: Über die sozialistische Gesetzlichkeit, russ.:) O socialističeskoj zakonnosti. (1917-1922 gg.) Moskau 1958. 719 S. III Ea 21716

Lichodedov,F.M.: (Über die Arbeit Lenins "Staat und Revolution", russ.:) O rabote Lenina "Gosudarstvo i revoljucija". Moskau 1958. 47 S. III Ea 21536

Lepeškin,A.I.: (Die Entwicklungsstufen und Funktionen des sowjetischen Staates, russ.:) Fazy razvitija i funkcii sovetskogo gosudarstva. Moskau 1958. 40 S. III Ea 21531

4.Geschichte der Staats-und Rechtstheorie

Merkatz, H.J.von: Die konservative Funktion. Ein Beitr.z. Geschichte d.polit.Denkens. München 1957. 83 S. II Ea 23629

5.Staats-und Rechtsgeschichte

Bretone,M.: Servus communis. Contributio alla storia della comproprieta romana in età classica. Neapel 1958. 208 S. V Ea 21601

Gierke,J.G.von: Die erste Reform des Freiherrn vom Stein.(Edikt v. 9.Okt.1807.) Die Steinsche Städteordnung. Darmstadt 1957. 63 S. II Ea 23685

Godfrey,J.L.: Revolutionary Justice. A study of the organization, personnel and procedure of the Paris tribunal 1793-1795. Chapel Hill 1951. 166 S. V Ea 23737

Hirsch,H.: Die hohe Gerichtsbarkeit im deutschen Mittelalter. 2.Aufl. Weimar 1958. 267 S. I Ea 23742

Kaser,M.: Römische Rechtsgeschichte. Göttingen 1950. 277 S. II Ea 23066

Kejř,J.: (Die Anfänge der höfischen Gerichte, tschech.:) Počátky dvorského soudu. Praha 1956. 79 S. IV Ea 21692

Kejř,J.: (Das Rechtsleben im hussitischen Kuttenberg, tschech.:) Právní život v husitské Kutné Hore. Praha 1958. 257 S. IV Ea 21694

La Bree,J.: De rechterlijke Organisatie en rechtsbedeling te Batavia in de 17e eeuw. Rotterdam 1951. 164 S. Leiden,Jur.Fak., Diss. v.2.Mai 1951 V Ea 21562

Leemans,W.F.: The Old-Babylonian Merchant, his business and his social position. Leiden 1950. 167 S. Leiden, Jur.Fak.,Diss.v.27.Sept. 1950 V Ea 21554

Lesiński,B.: (Die Stellung der Frau im polnischen Landrecht bis zur Hälfte des 15.Jahrhunderts, poln.:) Stanowisko kobiety w polskim prawie ziemskim do połowy 15 wieku. Wroclaw 1956. 210 S. IV Ea 23347

Novickij,I.V.: (Die Geschichte des sowjetischen Zivilrechts, russ.:) Istorija sovetskogo graždanskogo prava. Moskau 1957. 327 S. III Ea 23510

Oberösterreichische Weistümer. Im Auftr.d.Akad.d.Wiss.u.d.Oberösterreichischen Landesarchivs nach Vorarb.v.R.Büttner hrsg.v.H.Eberstaller u.a. T.2.3. Graz, Köln 1956-1958. V Ea 23678

Die Oktoberrevolution und Deutschland. Red.: A.Schreiner. Berlin 1958. 494 S. I Ea 23270

Timbal,M.: Cours d Histoire du Droit. Paris 1955. 653 S.V Ea 18783

6.Völkerrecht und Außenpolitik

Bravo,L.F.: La prova nel processo internazionale. Neapel 1958. 166 S. V Ea 21602

(Fragen des internationalen Rechts in Theorie und Praxis der USA, russ.:) Voprosy meždunarodnogo prava v teorii i praktike SSA. Pod. red.E.A.Korovina. Moskau 1957. 194 S. III Ea 23621

Unermeßliche Gefahren.(Analyse über d.Auswirkgn d.Atomwaffenversuche) Vorber.von einer Kommission d.Weltföderation d.Wissenschaftler. Berlin 1957. 47 S. I Ea 21633

Hoffmann,H.: Der Marxismus-Leninismus über den Krieg und die Streitkräfte. Berlin 1958. 71 S. I Ea 23727

Lenin,V.I.: Über die internationale Politik und das internationale Recht, russ.:) O meždunarodnoj politike i meždunarodnom prave. Moskau 1958. 775 S. III Ea 23676

Modžorjan, L.A.: (Die Subjekte des internationalen Rechts, russ.:) Sub-ekty meždunarodnogo prava. Moskau 1958. 146 S. III Ea 21638

Movčan,A.P.: (Der internationale Schutz der Menschenrechte, russ.:) Meždunarodnaja zaščita prav čeloveka. Moskau 1958. 167 S. III Ea 23721

Šarmazanašvili,G.V.: (Das Prinzip des Nichtangriffspakts im internationalen Recht, russ.:) Princip nenapadenija v mezdunarodnom prave. Moskau 1958. 93 S. III Ea 21712

Sasse,H.: Die asiatisch-afrikanischen Staaten auf der Bandung-Konferenz. Frankfurt/M.,Berlin 1958. 85 S. II Ea 21590

Ušakov,N.A.(Uschakow,N.A.) Das Prinzip der Einstimmigkeit der Großmächte in der Organisation der Vereinten Nationen. Berlin 1958. 156 S. I Ea 21571

Ausschuss für Deutsche Einheit. Die Vorschläge der Sowjetunion und der DDR zur Abrüstung und zur kollektiven Sicherheit. Eine chronol. Dok. 1954-Anf.1958. Berlin 1958. 46 S. I Eb 500

Žilin,I.S.: (Totale Havarie und Fragen des Seerechts, russ.:) Obščaja avarija i voprosv morskogo prava. Moskau 1958. 110 S. III Ea 21714

7.Staatsrecht

Budanov,A.G.: (Der Staatsaufbau der Demokratischen Republik Vietnam, russ.:) Gosudarstvennyj stroj demokratičeskoj respubliki V'etnam. Moskau 1958. 108 S. III Ea 23667

Glebov,P.: (Der Staatsaufbau Frankreichs, russ.:) Gosudarstvennyj stroj Francii. Moskau 1958. 80 S. III Ea 23672

Gvozdarev, B.I.: (Der Staatsaufbau Venezuelas, russ.:) Gosudarstvennyj stroj Venesuély. Moskau 1958. 61 S. III Ea 23665

Koenen, W.: Das ganze Deutschland soll es sein. Zur Gesch.d.patriot. Volksbewegg in Dtld. Berlin 1958. 430 S. I Ea 23651

Die Kommunistische Partei der Sowjetunion (KPdSU). Berlin 1958. 90 S. I Ea 23699

Kostricyna,N.A.: (Die Einschränkung der Gewährleistung der Unverletzlichkeit der Person im englischen Recht, russ.:) Ograničenie garantij neprikosnovennosti ličnosti v anglijskom prave. Moskau 1957. 177 S. III Ea 21732

Krutogolov, M.A.: (Der Staatsaufbau des heutigen Frankreich, russ.:) Gosudarstvennyj stroj sovremennoj Francii. Moskau 1958. 300 S. III Ea 21665

Levin,I.;V.Mamaev: (Die Staatsordnung der Länder des arabischen Ostens, russ.:) Gosudarstvennyj stroj stran arabskogo vostoka. Moskau 1957. 310 S. III Ea 15170

Meister,R.: Die Wahlen im deutschen Arbeiter-und-Bauernstaat und das reaktionäre Wahlsystem im Bonner Staat. Berlin 1958. 76 S. I Ea 21679

Moural, J.: (Die slowakischen nationalen Organe, tschech.:) Slovenské národní orgány. Praha 1958. 56 S. IV Ea 23759

Orlov,E.A.: (Der Staatsaufbau des Jemen, russ.:) Gosudarstvennyj stroj Jemena. Moskau 1958. 29 S. III Ea 23724

Šafir,M.A.: (Der Staatsaufbau Luxemburgs, russ.:) Gosudarstvennyj stroj Ljuksemburga. Moskau 1958. 37 S. III Ea 23755

Tanin, S.M.: (Der Staatsaufbau Belgiens, russ.:) Gosudarstvennyj stroj Bel'gii. Moskau 1958. 60 S. III Ea 23723

8.Verwaltungsrecht

Baade,H.W.: Ist ein unter Drohung zustandegekommener Verwaltungsakt anfechtbar oder nichtig? Glückstadt 1958. S.99-105. II Eb 1011

Kratsch,O.;W.Schmidt: Die Reorganisation der Leitung von Industrie und Bauwesen in der UdSSR. Berlin 1958. 87 S. I Ea 23747

Ule,C.H.: Die neue Verwaltungsgerichtsbarkeit und das Verhältnis von Justiz und Verwaltung. Tübingen 1949. 19 S. II Eb 912

Wieking,F.: Die Entwicklung der weiblichen Kriminalpolizei in Deutschland von den Anfängen bis zur Gegenwart. Lübeck 1958. 184 S. II Ea 23631

9.Finanz-,Steuer-und Preisrecht

Ramson,H.: Die Besteuerung des privaten Hausbesitzes. Berlin 1958. 156 S. I Ea 23693

Weckend,H.: Der Festpreis in der volkseigenen Industrie und seine Rechtswirkungen. Berlin 1958. 128 S. I Ea 23748

10. Strafrecht, Strafprozeß

Engisch,K.: Die rechtliche Bedeutung der ärztlichen Operation. Jena 1958. 41 S. I Ea 23746

(Fragen des Strafrechts und Strafprozesses, russ.:) Voprosy ugolovnogo prava i processa. Moskau 1958. 236 S. III Ea 21700

Gurvič,Ja.E.: (Die Trunksucht verdirbt den Menschen und gereicht der Gesellschaft zum Schäden, russ.:) P'janstvo gubit čeloveka, nanosit vred obščestvu. Moskau 1958. 37 S. III Ea 21625

Jakubovič,M.I.: (Das Recht auf Selbstverteidigung gegen Rowdys und Diebe, russ.:) Pravo na samotaščitu ot chuliganov i grabitelej. Moskau 1958. 23 S. III Ea 21539

Kalthoener,E.: Probleme aus dem strafprozessualen Recht der Wiedereinsetzung in den vorigen Stand. Berlin 1957. 113 S. II Ea 23736

Kuznecova,N.F.: (Die Bedeutung der Folgen eines Verbrechens für die strafrechtliche Verantwortlichkeit, russ.:) Značenie prestupnych posledstvij dlja ugolovnoj otvetstvennosti. Moskau 1958. 217 S. III Ea 23722

Kuznecova,N.F.: (Die Verantwortlichkeit für Vorbereitung und Versuch eines Verbrechens..., russ.:) Otvetstvennost' za prigotovlenie k prestupleniju i pokušenie na prestuplenie... Moskau 1958. 202 S. III Ea 21701

Mendel'son,G.A.: (Die Verantwortung für die Durchführung einer ungesetzlichen Abtreibung nach sowjetischem Strafrecht, russ.:) Otvetstvennost'za proizvodstvo nezakonnogo aborta po sovetskomu ugolovnomu pravu. Moskau 1957. 60 S. III Ea 23001

Michajlov, M.P.: (Die strafrechtliche Verantwortlichkeit für Diebstahl persönlichen Eigentums, russ.:) Ugolovnaja otvetstvennost'za kražu ličnogo imuščestva i'razboj. Moskau 1958. 153 S. III Ea 23619

Min'kovskij,G.M.: (Die Beendigung der Untersuchung und die Realisierung des Rechts des Beschuldigten auf Verteidigung, russ.:) Okončanie predvaritel'nogo rassledovanija i osuščestvlenie prava obvinjaemogo na zaščitu. Moskau 1957. 209 S. III Ea 23258

Nikiforov,B.S.: (Die Strafgesetzgebung der Indischen Republik, russ.:) Ugolovnoe zakonodatel'stvo Respubliki Indii. Moskau 1958. 277 S. III Ea 21733

Perlov,I.D.: (Die Gerichtsverhandlung und das Schlußwort des Verurteilten im sowjetischen Strafprozeß, russ.:) Sudebnye prenija i poslednee slovo podsudimogo v sovetskom ugolovnom processe. Moskau 1957. 201 S. III Ea 21748

Šifman, M.L.: (Grundlegende Fragen der Theorie des sowjetischen Beweisrechts, russ.:) Osnovnye voprosy teorii sovetskogo dokazatel'stvennogo prava. Moskau 1956. 38 S. III Ea 21740

Znamierowski, C.: (Schuld und Verantwortlichkeit, poln.:) Wina i odpowiedzialność. Warschau 1957. 159 S. IV Ea 23344

11.Kriminalistik,Gerichtliche Medizin,Gerichtspsychiatrie,-psychologie

Gabler,W.;Z.Janczewski: (Über die Schwangerschaftsunterbrechung, poln.:) O przerywaniu ciazy. Warschau 1957. 67 S. IV Ea 23342

Vasil'ev,A.N.;G.N.;Mudjugin;N.A.Jakubovič: (Die Planung der Untersuchung von Verbrechen, russ.:) Planirovanie rassledovanija prestuplenij. Moskau 1957. 198 S. III Ea 21593

12.Gerichtsverfassung(einschließlich Staatsanwaltschaft, Justizverwaltung,Notariat,Anwaltschaft)

Benjamin,H.: Die gegenwärtigen Aufgaben der Schöffen. Referat. Zentrale Schöffenkonferenz in Leipzig am3.u.4.Nov.1956. Berlin 1958. 72 S. I Ea 21540

13.Zivilrecht

(Fragen des bürgerlichen Rechts, des kollektivwirtschaftlichen Rechts und des Zivilprozesses, russ.:) Voprosy graždanskogo prava, kolchoznogo prava i graždanskogo processa. Moskau 1958. 249 S. III Ea 21699

Lenin,V.I.: (Über das sozialistische Eigentum, russ.:) O socialističeskoj sobstvennosti. Moskau 1958. 236 S. III Ea 23514

14.Urheber-und Erfinderrecht

Becker,G.: Das Ingenieurkonto und seine Vergütung. Berlin 1958. 123 S. I Ea 23484

Rajgorodskij, N.A.: (Urheberrecht an Werken der Filmkunst, russ.:) Avtorskoe pravo na kinematografičeskoe proizvedenie. Leningrad 1958. 67 S. III Ea 21666

Vaksberg,A.I.: (Verlag und Autor, rechtliche Beziehungen, russ.:) Izdatel'stvo i avtor, pravovye vzaimootnošenija. Moskau 1958. 258 S. III Ea 21664

15.Vertragssystem und vertragsgerichtliches Verfahren

Grundfragen des Vertragssystems. Zum Ges.über d.Vertragssystem in der soz. Wirtschaft v.11.Dez.1957. Hrsg.v.e.Kollektiv unter Leitg v.Hemmerling. Berlin 1958. 323 S. I Ea 21578

(Die Verpflichtungen aus der Durchführung des staatlichen Planes zur Entwicklung der Volkswirtschaft,tschech.:) Závacky z provádění státního planu rozvoje národního hospodářství. (Red.: V.Knapp; K.Čapka) Praha 1957. 416 S. IV Ea 21450

16.Handelsrecht,Wertpapierrecht,Kartell-und Wettbewerbsrecht

Fabiunke, G.: Der "Volkskapitalismus" in Theorie und Praxis. Unter bes.Berücks.d.gegenw.Standes d.Eigentumsdebatte in Westdtld. 2.Aufl. Berlin 1958. 75 S. I Ea 23694

17.LPG-Recht,Bodenrecht,Landwirtschaftsrecht

Agrarstruktur und Grundstücksverkehr. Mit Beitr.v.G.Fitzner u.a. Hannover 1957. 58 S. II Ea 23363

Aksenenok,G.A.: (Die Bodenrechtsverhältnisse in der UdSSR, russ.:) Zemel'nye pravootnošenija v.SSSR. Moskau 1958. 423 S. III Ea 23675

Antonova,L.A.;A.I.Volkov: (Die Praxis der Aufnahme von Abänderungen in die Kolchosstatuten, russ.:) Praktika vnesenija izmenenij v ustavy kolchozov. Moskau 1958. 56 S. III Ea 21608

Grigor'ev,V.K.;B.V.Erofeev;M.S.Lipecker: Boden-u.Kolchosrecht, russ.:) Zemel'noe i kolchoznoe pravo. Moskau 1957. 270 S. III Ea 21747

Kim,V.I.;M.I. Zafran: (Die Praxis der Abänderung der Kolchosstatuten, russ.:) Praktika izmenenija ustavov kolchozov. Moskau 1958. 54 S. III Ea 21734

Pankratov,I.F.: (Grundlegende Rechte und Pflichten d.leitenden Kader d.Kollektivwirtschaften, russ.:) Osnovnye prava i objazannosti rukovodjaščich kadrov kolchoza. Moskau 1957. 92 S. III Ea 21719

Pavlov,I.V.: (Die Rechtsstellung des Kolchoseigentums, russ.:) Pravovoe položenie kolchoznoj sobstvennosti. Moskau 1958. 39 S. III Ea 21626

Volkov,A.I.;G.V.Ivanov: (Die Rechtstellung des Kolchosfonds, russ.:) Pravovoe položenie kolchoznych fondov. Moskau 1957. 139 S. III Ea 23348

18.Familienrecht

Baade,H.W.;K.Skubiszewski: Zur Gültigkeit von Eheschließungen in d. Gebieten östl.u.westl.d.Oder und Neiße. Frankfurt/M.1958. 7 S. II Eb 1012

Oridoroga,M.T.: (Die Ehescheidung, russ.:) Rastorženie braka. Moskau 1958. 92 S. III Ea 23377

Reinicke,D.;E.Schwarzhaupt: Die Gleichberechtigung von Mann und Frau. Nach d.Ges.v.8.Juni 1957. Stuttgart 1957. 116 S. II Ea 23657

Sverdlov,G.M.: (Das sowjetische Familienrecht, russ.:) Sovetskoe semejnoe pravo. Moskau 1958. 295 S. III Ea 21667

19.Zivilprozeß und Freiwillige Gerichtsbarkeit

Erhard,A.: Der Eheprozeß in der Praxis. Berlin 1957. 296 S. II Ea 23626

20.Arbeits-und Sozialrecht incl.Verfahren

Karpušin,M.P.: (Das sozialistische Arbeitsrechtsverhältnis, russ.:) Socialističeskoe trudovoe pravootnošenie. Moskau 1958. 171 S. III Ea 21497

D. ÜBERSETZUNGEN AUS DER ZEITSCHRIFT "SOVETSKOE GOSUDARSTVO I PRAVO [1])

Inhaltsverzeichnis von 1958, Heft 10:

Artikel

Romaškin, P.S. (Romaschkin, P.S.): Die Entwicklung der Funktionen des Sowjetstaates im Prozeß des Aufbaus des Kommunismus. S. 3 - 18

Von der Redaktion [betr. Funktionen des Sowjetstaates] S. 19 - 23

Petelin, G.N.: Die weitere Ausdehnung der Rechte der Gewerkschaftsorganisationen. S. 24 - 31

Aristakov, Ju.M.; M.I. Piskotin; Ch.S. Sulejmanova; L.I. Urakov: Über die Notwendigkeit der Schaffung der Vereinigung sowjetischer Juristen. S. 32 - 35

Patjulin, V.A.: Über die Entstehung des sozialistischen Staates in China. S. 36 - 47

Stepanovič, I. (Stepanowitsch, I.): Die wichtigsten Rechtsformen der wirtschaftlichen Zusammenarbeit der Länder des sozialistischen Lagers. S. 48 - 55

Sukenik, S.A.; V.N. Možejko (Moshejko, W.N.): Über das Verfahren der Verhandlung über Vermögensstreitigkeiten unter Beteiligung der Kollektivwirtschaften. S. 56 - 63

Laptev, V.V. (Laptjew, W.W.): Das Gesetz über das Vertragssystem in der sozialistischen Wirtschaft der DDR. S. 64 - 74

Gelberg, L.: Fragen des völkerrechtlichen Fortbestandes des Staates in der Praxis Volkspolens. S. 75 - 85

Onan, E.S.: Die Vereinigte Arabische Republik, das Bollwerk der nationalen Staatlichkeit der arabischen Völker. S. 81 - 92

Chalfina, R.O.: Die neue englische Gesetzgebung über die Monopole. S. 93 -104

Erörterung von Fragen der Straf- und Strafprozeßgesetzgebung

Chusejnov, Ch.Ch.: Einige Bemerkungen zu den Entwürfen der Hauptgrundsätze der Strafgesetzgebung der UdSSR und der Unionsrepubliken. S.105-109

1) Die hier angezeigten Artikel werden laufend übersetzt und sind gemäß der Benutzungsordnung der Bibliothek des Deutschen Instituts für Rechtswissenschaft ausleihfähig.

Rechtswissenschaft im Ausland

Ausländische Gesetzgebung

Bibliographie

E. 21.(35.) VERZEICHNIS DER IN DER BIBLIOTHEK DES DEUTSCHEN INSTITUTS FÜR RECHTSWISSENSCHAFT VORHANDENEN UNVERÖFFENTLICHTEN ÜBERSETZUNGEN[1]

1.Gesetzesmaterialien und Dokumente (auch Verfassungen und Kurzkommentare)

Über die Abschaffung der Pflichtablieferung und die Neuregelung der Preise und Ablieferungsbedingungen der landwirtschaftlichen Produkte.< Verordnung des Plenums des ZK vom 18.6.1958.> Ob otmene objazatel'nych postavok i naturoplaty za raboty MTS, o novom porjadke, cenach i uslovijach zagotovok sel'skochoujajstvennych produktov [dt.] 13 S.
Aus: Izvestija v.20.6.1958, Nr 147.
[Betr.: UdSSR.] ÜR 1267

Entwurf des Allgemeinen Teils des Strafgesetzbuches der Volksrepublik Polen. 31 S.
Orig.ersch.: Warschau: Jurist.Verl.1956. ÜP 725

Gesetz vom 22.Mai 1958 über die Erhöhung der strafrechtlichen Verantwortlichkeit für das Rowdytum. 5 S.
Aus: Gesetzblatt der Volksrepublik Polen. Nr 34,Pos.152. 1958.
[Betr.: Polen.] ÜP 724

Durchführungsverordnung des Ministers der Finanzen über Formen der Verrechnungen für Lieferungen, Arbeiten und Dienste zwischen volkseigenen Wirtschaftseinheiten. 9 S.
Aus: Gesetzblatt der Volksrepublik Polen. Jg 1958, Nr 54, Pos.264.
[Betr.: Polen.] ÜP 722

Gesetz vom 1.Juli 1958 über Geldverrechnungen zwischen volkseigenen Wirtschaftseinheiten. 4 S.
Aus: Gesetzblatt der Volksrepublik Polen. Nr 44, Pos.215. 1958.
[Betr.: Polen.] ÜP 723

Entwurf zur Änderung der Vorschriften über die Konfliktkommissionen. (Projekt zmiany przepisów o zakładowych komisjach rozjemczych [dt.]
< Verf.: Poln.Nachrichtenagentur PAP >. 2 S.
Aus: Trybuna ludu. Nr 323 v.19.11.1958.
[Betr.: Polen.] ÜP 709

1) Die hier angezeigte Literatur ist gemäß der Benutzungsordnung der Bibliothek des Deutschen Instituts für Rechtswissenschaft für die Mitglieder des Deutschen Instituts für Rechtswissenschaft, Ministerien und zentrale Institutionen der Deutschen Demokratischen Republik und nach der Leihverkehrsordnung der Bibliotheken ausleihfähig.-Verzeichnis 1 - 4 erschien hektographiert, Verzeichnis 5 - 14 ist enthalten im Mitteilungsblatt des Deutschen Instituts für Rechtswissenschaft 1953, Nr 1 - 1955, Nr 3

33.Regierungsverordnung vom 27.Juni 1958 über die Organisation der Exekutivorgane der Nationalausschüsse. Vládní nařízení o organisaci výkonných orgánu národních výboru [dt.] 18 S.
Aus: Sbírka zákonu republiky Ceskoslov. 1958/13.
[Betr.: ČSR.] ÜT 575

Verordnung über die ständige Produktionsberatung in Industriebetrieben, Baubetrieben, Sowjetwirtschaften, MTS und TRS. Polozenie o postojanno dejstvujuščii proizvodstvennom soveščanii na promyšlennom predprijatii, stroike, v sovchoze, MTS i RTS [dt.] 6 S.
Aus: Pravda v 18.7.1958, Nr 199. ÜR 1261

Verordnung über die Rechte der Fabrik- und Werkkomitees und der örtlichen Komitees der Gewerkschaften.Položenie o pravach fabričnogo zavodskogo mestnogo komiteta professional'nogo sojuza [dt.] 9 S.
Aus: Izvestija v.16.7.1958, Nr 169.
[Betr.: UdSSR.] ÜR 1265

34.Regierungsverordnung vom 27.Juni 1958 über weitere Verschiebungen der Kompetenz und andere Vereinfachungen in der staatlichen Verwaltung. 34 Vládní nařízení ze dne 27 června 1958 o dalších přesunech pusobnosti a jiných zjednodušeních ve státní správe [dt.] 13 S.
Aus: Sbírka zákonů. 1958/13.
[Betr.:] ČSR.] ÜT 579

Gesetz über die Weiterentwicklung der Kollektivwirtschaftsordnung und die Reorganisation der Maschinen-Traktoren-Stationen. Zako dal'nejšem razvitii kolchoznogo stroja i reorganizacii mašinno-traktornych stancij [dt.] 8 S.
Aus:Pravda v.1.4.1958, Nr 91. ÜR 1269

2.Philosophie

Jan Chin-Schun: Über den ideologischen Kampf in der Volksrepublik China. Ob ideologičeskoj bor'be v Kitajskoj Narodnoj Respublike [dt.] 27 S.
Aus: Voprosy filosofija. 1958/6. ÜR 1263

Meleščenko,J.S.: Über den Grundwiderspruch im Sozialismus und die Rolle der Widersprüche in der Entwicklung der sozialistischen Gesellschaft. Ob osnovnom protivorečii pri socializme i o roli protivorečij v razvitii socialističeskogo obščestva [dt.] 12 S.
Aus: Voprosy filosofija. 1958/8. ÜR 1249

Podkorytov,G.A.: Das Verhältnis zwischen Geschichte und Theorie in der Erkenntnis. Sootnošenie istorii i teorii v poznanii [dt.] 22 S.
Aus: Voprosy filisofii. 1958/10. ÜR 1281

Gegen den philosophischen Revisionismus. Protiv filosofskogo revizionizma [dt.] 40 S.
Aus: Voprosy filosofii. 1958/10. ÜR 1277

3.Rechtswissenschaft (Aufgaben und Methoden)

Król,M.: Wissenschaftliche Tagung der Abteilung I des Instituts für Rechtswissenschaft der Polnischen Akademie der Wissenschaften, gewidmet der Diskussion über die Arbeit Dr.Adam Podgóreckis unter dem Titel "Die grundlegenden Prinzipien der Rechtspolitik". Zebranie Naukowe Działu i Instytutu Nauk Prawnych PAN poswiecone pracy Adama Podgóreckiego pt. "Podstawowe załozenia polityka prawa" [dt.] 16 S.
Aus: Panstwo i prawo 1958/7. ÜP 715

4.Staats- und Rechtstheorie

Foustka,R.N.: Über die Arbeitsmethoden in der allgemeinen Staats- und Rechtstheorie. O metodě práce v obecné teorii státu a práva [dt.] 16 S.
Aus: Právník. 1958/6.
[Betr.: ČSR.] ÜT 571

Opalek,K.: Kritik der allgemeinen Staats- und Rechtstheorie. Krytika ogólnej teorii państwa i prawa [dt.] 35 S.
Aus: Państwo i prawo. 1958/5/6. ÜP 703

5.Geschichte der Staats-und Rechtstheorie

Keine Eingänge

6.Staats- und Rechtsgeschichte

Keine Eingänge

7.Völkerrecht und Außenpolitik

Keine Eingänge

8.Staatsrecht

Jarosz,Z.;W.Sokolewicz: Zur Problematik des neuen Gesetzes über die Volksräte. Z problematyki nowej ustawy o radach narodowych [dt.] 55 S.
Aus: Państwo i prawo. 1958/7.
[Betr.: Polen.] ÜP 705

9.Gerichtsverfassung (einschließlich Staatsanwaltschaft, Justizverwaltung,Notariat und Anwaltschaft)

Keine Eingänge

10.Verwaltungsrecht und Allgemeine Aufsicht des Staatsanwalts

Klimowieki,R.: Die Krise der kommunalen Selbstverwaltung in der Bundesrepublik dargestellt am Beispiel des Landes Nordrhein Westfalen von Roland Meister. [Rezension]. [dt.] 16 S.
Aus: Państwo i prawo. 1958/8-9. ÜP 720

11.Finanzrecht

Keine Eingänge

12.Strafrecht, Strafprozeß

Flatau-Kowalska,A.: Die Heilmassnahmen für Alkoholiker im Strafrecht. Kap.4. Die Folgerungen de lege ferenda. Srodki lecznicze dla alkoholików w prawie karnym. Rodział 4: Wnioski de lege ferenda [dt.] 17 S.
Orig.ersch.: Jerzy Sawicki; Aleksandra Flatau-Kowalska:Alkohol w prawie karnym. Warszawa 1958.
[Betr.: Polen.] ÜP 700

Lengyel,Z.: Die Abgrenzung der auf dem Umsturz der Staatsordnung gerichteten Bewegung von der Aufwiegelei. Az államrend megdöntésére irányuló mozgalom elhatárolása az izgatástól [dt.] 19 S.
Aus: Magyar jog.Jg 4, 1957,Nr 10.
[Betr.: Ungarn.] ÜUn 240

Pławski,St.: Śliwoski,J.: VII.Internationaler Kongress für Strafrecht in Athen. VII.Miedzynarodowy Kongres prawa karnego w Atanach [dt.] 28 S.
Aus: Prawo za granica. 1958/1/2. ÜP 712

Rybczyński,S.: Was bringt uns das Gesetz vom 21.Januar 1958 über die Erhöhung des Schutzes des gesellschaftlichen Eigentums vor den durch Verbrechen entstehenden Schäden.< Dziennik Ustaw Nr 4, Ziff.11 >
Co nam przynosi ustawa z dnia 21 stycznia 1958 r, o wznożeniu ochrony mienia społecznego przed szkodami wynikajacymi z przestepstwa [dt.] 14 S.
Aus: Palestra. 1958/5/6.
[Betr.: Polen.] ÜP 698

Sadovnikov,I.: Unsere Vorschläge. Naši predloženija [dt.] 3 S.
Aus: Socialističeskaja zakonnost'. 1958/9.
[Betr.: UdSSR.; Grundlagen der Strafgesetzgebung.] ÜR 1279

Vieska,J.: Zu den kurzfristigen nicht bedingten Freiheitsstrafen. Ke krátkodobým nepodmíneným trestum odnetí svobody [dt.] 34 S.
Aus: Socialistická zákonnost. 1958/5.
[Betr.: ČSR.] ÜT 577

Zogin,N.: Die Ursachen der Kriminalität müssen beseitigt werden. Ustranjat' pričiny prestupnosti [dt.] 7 S.
Aus: Socialističeskaja zakonnost'. 1958/10.
[Betr.: UdSSR.] ÜR 95

13.Kriminalistik,Gerichtliche Medizin, Gerichtspsychiatrie-,psychologie

Keine Eingänge

14.Zivilrecht

Braude,I.;G.Orlinskij;A.Serebrjakov: Über das Eigentumsrecht an einem Gebäude. O prave sobstvennosti na stroenie [dt.] 17 S.
Aus: Sovetskaja justicija. 1958/7.
[Betr.: UdSSR.] ÜR 1253

Csanádi,G.: Der Vertragsbruch im Entwurf des Bürgerlichen Gesetzbuches. A szerzödesszéges a Polgári Törvénykönyv tervezetében [dt.] 30,5 S.
Aus: Jogtudomanyi közlöny. Jg 13, Nr 6, 1958.
[Betr.: Ungarn.] ÜUn 238

Eörsi,G.: Das Verantwortlichkeitssystem im Entwurf des Bürgerlichen Gesetzbuches. A polgári törvénykönyv tervezetének felelösségi rendszeréröl [dt.] 9 S.
Aus: Magyar jog. Jg 4, 1957, Nr 11.
[Betr.: Ungarn.] ÜUn 234

Lakatos,A.: Das Versicherungsrecht im Entwurf des Bürgerlichen Gesetzbuches. A Polgári Törvenykönyv Tervezetének biztosítási jogáról [dt.] 20 S.
Aus: Jogtudomanyi közlöny. Jg 13, Nr 6, 1958.
[Betr.: Ungarn.] ÜUn 236

Lukić,R.: Zur Frage des gesellschaftlichen Eigentums. O własności społecznej [dt.] 50 S.
Aus: Państwo i prawo. 1958/2. ÜP 710

15.Urheber- und Erfinderrecht

Keine Eingänge

16.Vertragssystem,Vertragsgerichtliches Verfahren

Maurer,I.Ch.: Barsch,E.A.: Der Einfluss von Änderungen der Planaufgaben auf Verträge zwischen sizialistischen Organisationen. Influenta modificarielór de sarcini de plan asupra contractelor dintre organizatille socialiste [dt.] 51,22 S.
Aus: Juristische Studien u.Untersuchungen. 1957/2. ÜRum 97

17.LPG- Recht,Bodenrecht

Bolgov, A.: Die Politik der Festigung des Bündnisses der Arbeiterklasse und der Bauernschaft und die neue Etappe in der Entwicklung des Kollektivwirtschaftssystems. Politika ukreplenija sojuza rabočego klassa i krest'janstva i novyj etap v razvitii kolchoznogo stroja [dt.] 21 S.
Aus: Voprosy ekonomiki. 1958/8.
[Betr.: UdSSR.] ÜR 1251

Kuznecov,B.;A.Petrusov;E.Sifrin: Die Wirklichkeit und die bürgerlichen Agrartheorien. Dejstvitel'nost' i buržuaznye agrarnye teorii [dt.] 31 S.
Aus: Kommunist. 1958/12.
[Betr.: UdSSR.] ÜR 1271

18.Familienrecht

Keine Eingänge

19.Zivilprozeß (einschließlich Familienrechtliches Verfahren)

Keine Eingänge

20.Arbeitsrecht (einschließlich Verfahren

Dobrovolskij,G.: Fragen, die in der Gerichtspraxis bei der Untersuchung von zivilen Arbeitsstreitsachen auftreten. Voprosy, voznikajuščie v sudebnoj praktike pri rassmotrenii graždanskich trudovych del [dt.] 18 S.
Aus: Socialističeskaja zakonnost'. 1958/8.
[Betr.: UdSSR.] ÜR 1273

Die Erweiterung der Rechte der Gewerkschaften. Dal'nejšee rasširenie prav profsojuzov [dt.] 5 S.
Aus: Izvestija v.16.7.1958, Nr 169.
[Betr.: UdSSR.] ÜR 1257

Kakol,K.: Der Anteil der Arbeitervertretung bei der Lösung von Arbeitsverträgen. Udział przestawicielstwa pracowniczego w rozwiazywaniu umowy o prace [dt.] 25 S.
Aus: Przeglad zagadnień socjalnych. 1958/8.9.
[Betr.: Polen.] ÜP 707

Kalabin,B.: Die Gesetzlichkeit muss bei der Untersuchung von Arbeitsstreitsachen streng eingehalten werden. Strogo sobljudat'zakonnost' pri rassmotrenii trudovych del [dt.] 8 S.
Aus: Sovetskaja justicija. 1958/6.
[Betr.: UdSSR.] ÜR 1255

Über die Kürzung der Arbeitszeit auf sieben und sechs Stunden und die Neuregelung des Arbeitslohnes der Arbeiter und Angestellten in verschiedenen Zweigen der Schwerindustrie. O perevode v 1958 godu na sem'- i šesti -časovoj rabočij den' i uporjadočenii zarabotnoj platy rabočich i služaščich rjada otraslej tjažačoj promyšlennosti [dt.] 7 S.
Aus: Izvestija v.22.5.1958, Nr 96.
[Betr.: UdSSR.] ÜR 1259

Kratochvil,Z.: Die Verantwortlichkeit der Beschäftigten im Arbeitsrecht. Odpovědnost zaměstnancu v pracovním právu [dt.] 24 S.
Aus: Socialistická zákonnost. 1958/1.
[Betr.: ČSR.] ÜT 573

Szubert,W.: Die Arbeitskollektivverträge in der vergesellschaftlichen Wirtschaft. Układy zbiorowe pracy w gospodarce uspołecznionej [dt.] 35 S.
Aus: Państwo i prawo. 1958/5-6.
[Betr.: Polen.] ÜP 717

Wasilkowski,C.: Die Reform des Renten- und Versorgungssystems. Reforma systemu rent i zaopatrzeń [dt.] 20 S.
Aus: Nowe prawo. 1958/6.
[Betr.: Polen.] ÜP 701

ALPHABETISCHES SACHGRUPPENVERZEICHNIS